Vito Fumagalli
Mensch und Umwelt
im Mittelalter

Vito Fumagalli

Mensch und Umwelt im Mittelalter

Aus dem Italienischen von
Dagmar Zerbst und Walter Kögler

Verlag Klaus Wagenbach Berlin

Maria Melideo Rinaldi gewidmet
in dankbarer Erinnerung

Wagenbachs Taschenbuch 214
Originalausgabe

Titel der bei Editori Laterza erschienenen Originalausgabe
L'uomo e l'ambiente nel medioevo

Verlag Klaus Wagenbach, Ahornstraße 4, 1000 Berlin 30
Umschlaggestaltung Rainer Groothuis
Gesetzt aus der Korpus Apollo von Mega-Satz-Service, Berlin
Gedruckt und gebunden von Wagner, Nördlingen
Printed in Germany.
ISBN 3 8031 2214 7

Inhalt

»Barbaren« und Römer

»Das eiserne Jahrhundert«

Einleitung

Im Laufe des Mittelalters hat sich die Haltung des Menschen seiner Umwelt gegenüber erheblich gewandelt. Sowohl die Wahrnehmung als auch die verändernden Eingriffe in den Lebensraum nahmen je nach Standeszugehörigkeit, geographischer Lage und Epoche unterschiedliche Formen an. Einige dieser Mentalitäten und Verhaltensweisen sind erst in unseren Tagen verlorengegangen: Ehrfurcht vor der Natur (Pflanzen, Tiere, Gestirne usw.), das Bewußtsein einer engen Verbindung mit ihr und die daraus resultierende Scheu, sie zu verändern. Zwar hat im Hochmittelalter, im zwölften und dreizehnten Jahrhundert, vor allem das Bürgertum in den Gebieten der mittel- und norditalienischen Städte aus einer gelasseneren, oft gar unbekümmerten Haltung heraus die städtische und ländliche Umwelt entscheidend verändert, deren natürliches Bild zum Teil vollkommen zerstört und somit das ökologische Gleichgewicht massiv beeinträchtigt. Insgesamt betrachtet, lebten die Menschen jedoch im Einklang mit der Natur, das Abholzen von Wäldern oder die Trockenlegung von Sümpfen zur Ackerlandgewinnung standen im Widerspruch zu ihrer Denkweise. Erst im achtzehnten Jahrhundert erfuhr die Umwelt jene geradezu rückhaltlose Umgestaltung zu Lasten der Natur, und seit dem vergangenen Jahrhundert hat sich diese Tendenz allgemein verbreitet und eine wahrhaft radikale, verheerende Dimension angenommen.

Die Entwicklung verlief natürlich nicht immer linear und gleichmäßig. Auch in der Vergangenheit gab es, wie heute, Gegensätze und Auseinandersetzungen, die nicht immer durch die Zugehörigkeit zum gleichen Stand, Beruf, sozialen Umfeld oder zur gleichen Kultur beigelegt werden konnten. Dennoch ist eine klare Tendenz zu erkennen, die in jener Zeit der beginnenden Selbständigkeit der Städte und Kommunen ihren Anfang nahm: Die Umwelt wurde beträchtlichen verändernden Eingriffen ausgesetzt, um höhere Erträge und Gewinne zu erzielen. Dahinter verbarg sich eine Überzeugung, die das menschliche Denken und Handeln immer mehr bestimmte und schließlich zu der nahezu einhelligen Meinung unserer Tage geführt hat, daß der Mensch seine Umwelt verändern kann und sollte.

Von einigen freilich wird der heutige Naturschutz und die Liebe zur Natur als Versuch einer Wiedergutmachung, einer Versöhnung mit der Natur dargestellt, insofern als der Mensch seine Loslösung von der Natur, seine Befreiung aus jener Eingebundenheit in seine Umwelt heute bereue. Dies würde bedeuten, davon auszugehen, in der Vergangenheit habe der Mensch die Natur nicht »geliebt«, sich nicht einmal vorstellen können, daß die Liebe zur Natur eine Verpflichtung sei, da er so eng mit der Natur verbunden war, daß er sie nicht wahrzunehmen brauchte, und also kein Grund bestand, das zu lieben, was doch Teil seiner selbst war. Tatsächlich jedoch empfand der Mensch im Mittelalter sehr wohl Liebe zur Natur, obschon und vielleicht gerade weil er überzeugt war, eins mit ihr zu sein. Die Ergriffenheit des Dichters Alkuin Ende des achten Jahrhunderts angesichts des erwachenden Frühlings, seine zarten Worte, die er an Tiere und Pflanzen richtete, zeigen dies deutlich. Aber auch das heutige, einfache, bäuerliche Leben – dort wo Zivilisation und Industrialisierung noch keinen Einzug gehalten haben – ist von ähnlichen Gefühlen geprägt.

In der westlichen Welt begann sich der Mensch immer mehr von der Natur zu lösen, als er im Mittelalter von sich selbst Abstand nahm und der »rationalen« Seite seines Daseins mehr und mehr Bedeutung beimaß. Diese Loslösung betraf die Psychologie der Leidenschaften, der Reize und alles Körperliche; sie bezog sich aber auch auf die Frau in ihrer ganzen seelisch-körperlichen Dimension, auf Kranke, Schwache, Arme, Geisteskranke, den Tod – Ziel war stets die Abgrenzung.

All dies nahm seinen Anfang gewiß nicht erst im Mittelalter; zahlreiche Vorboten traten bereits durch die halboffene Tür, die den Weg zu dieser Entwicklung freigab: die uralte Ablehnung des Körpers, besonders des weiblichen, durch die klerikale (und eine noch ältere laizistische) Kultur, die Willkür einer Machtherrschaft, die immer schon darauf ausgerichtet war, die Menschen auf entfremdende Funktionen festzulegen – eine Grundtendenz, die nicht immer gleich stark auftrat, sich aber durch die gesamte Epoche zog.

Gleichwohl existierte immer auch eine ablehnende Haltung gegenüber einem solchen Umgang mit der Wirklichkeit, immer wieder wurde der Lauf der Geschichte und ihre Ausrichtung auf eine zunehmende Entfremdung in Frage gestellt: Befürchtungen und religiöse Bedenken drückten sich in Bewegungen aus, die große Breitenwirkung erreichten. Schwere Pestilenzen ließen Zweifel an der sozialen »Ordnung« aufkommen. Neue Schichten kamen an die Macht, die sich auf menschlichere Inhalte beriefen und sich, zumindestens anfänglich, gegen Machtmißbrauch und Unterdrückung aussprachen. So ist zu Beginn des zwölften Jahrhunderts eine Abkehr von traditionellen Rangordnungen zu beobachten: die Vorherrschaft des Geistes über das Fleisch, des Adels über die anderen Schichten, des Menschen über die Natur. Schon im folgenden Jahrhundert jedoch wandelte sich das Bild: Die franziskanische Bewegung wurde zum Hauptankläger des Wiederaufkeimens alter und neuer Amtsmißbräuche. Es ist gewiß kein Zufall, wenn um die Jahrhundertmitte religiöse Bewegungen an Stärke gewinnen, die gegen Krieg, Wucher und politisches Sektierertum eintreten.

In jener Zeit wurden Überschwemmungen durch über die Ufer tretende Flüsse zur Regel; sie zerstörten in den Ebenen weite Teile des Ackerlandes, ebenso verschwanden allmählich die Wälder und somit das so vielseitig benötigte Holz. Auf der Gesetzesebene setzte sich die Ausgrenzung von Kranken, Bettlern, Prostituierten, das Verbot von aufwendigen Begräbnissen und langen Trauerzeiten durch. Der Knappheit versuchte man zu begegnen mit dem Verbot illegaler Einkünfte, allzu luxuriöser Kleidung, der Verschwendung beim Essen, des Niederbrennens der Häuser politischer Gegner, der ungeregelten Nutzung der verbleibenden Wälder in den Ebenen usw.

Für den Westen waren die großen italienischen Städte wegbereitend in der Entwicklung einer neuen Ethik, die auf Gewinn ausgerichtet war und auf dem kulturellen Anspruch gründete, daß der Mensch dank seines detaillierten Wissens um jene Mechanismen, die eine Veränderung und Nutzbarmachung der Natur ermöglichen, das Recht habe, in die Natur einzugreifen und sie umzugestalten. Zwar hat die Wissenschaft erst seit dem siebzehnten Jahrhundert die dafür nötigen neuen Kenntnisse erlangt und sich in immer stärkerem Maße auch zunutze gemacht, doch schon zwischen dem dreizehnten und vierzehnten Jahrhundert entwickelten sich die kulturellen, politischen, wirtschaftlichen und sozialen Voraussetzungen für diese neue Haltung, die der Mensch sich selbst und seiner Umwelt gegenüber einnahm. Mittel- und Norditalien besetzten so eine Schlüsselposition in dieser Entwicklung, und italienische Wissenschaftler, Politiker, die großen italienischen Künstler und Kaufleute wurden an die Höfe des Westens berufen, um die Veränderungen zu fördern und zu leiten.

Das Spanien des zwölften und dreizehnten Jahrhunderts war der intensivste solcher Schnittpunkte unterschiedlicher Kulturen: Hier war die islamische Welt nicht nur der große Bewahrer griechisch-hellenistischer Wissenschaft und zugleich Vermittler zwischen Christen- und Judentum, sondern sie enthielt zudem außerordentlich moderne Elemente, die sich ohne weiteres in Einklang mit Tendenzen des bürgerlichen Geistes in Italien bringen ließen. Deshalb wurden in Italien, vor allem von seiten der Gelehrten in den selbständigen Kommunen und den Städten am Meer, die neuen Erkenntnisse der Mathematik, der Chemie und der Agronomie aus der arabischen Welt sofort aufgenommen. Das römische Zahlensystem wurde durch das noch heute verwendete arabische ersetzt. Man übernahm neue Instrumente, die dem Geist der Zeit und dem Bestreben entsprachen, die Natur zu beherrschen und zu nutzen. Und dies ist wiederum nur Teil einer bereits im zwölften Jahrhundert beginnenden Entwicklung, deren positive Ausprägung in der Loslösung des Menschen aus seiner Befangenheit gegenüber der Welt der Dinge, gegenüber allem Körperlichen, auch gegenüber dem eigenen Körper bestand. Eine in gebildeten Kreisen verbreitete Aufwertung der Natur verband sich mit der Erkenntnis, daß die Natur nicht mehr die Beherrschende, Mutter und Stiefmutter gleichermaßen war. Der Mensch erkannte, daß er »mit ihr ins Gespräch kommen«, sie nach seinen Ansprüchen umgestalten und ihre negativen Eigenschaften abschwächen müsse. So wuchsen Städte und Dörfer, Felder, Straßen und Schifffahrtswege, während Wälder, Heide- und Sumpfgebiete langsam verschwanden. Mensch und Natur traten in eine neue Phase, eine Zeit stärkeren Austausches – hier liegen die Wurzeln der modernen Zivilisation. Es begann nun ganz deutlich jene Entwicklung, die wir als »Anthropisierung« der Umwelt bezeichnen, anfangs freilich ohne umwälzende Eingriffe seitens des Menschen, da dieser noch ein hohes Maß an Sensibilität für Grenzen und an Achtung vor der Natur besaß.

Die Wirklichkeit war zweifelsohne weit komplexer als das hier gezeichnete Bild, es bestanden große Unterschiede regionaler Art, Verschiebungen im Laufe der Zeit und uneinheitliche, oft gegensätzliche Verhaltensweisen der sozialen Schichten, der Kulturen; insbesondere verlangsamte die Alltagskultur diese Entwicklung, sowohl die bäuerliche wie die des Adels, jener Schichten also, die gleichermaßen, wenn auch aus unterschiedlichen Motiven heraus, eine in allen Bereichen konservative Haltung einnahmen und sich für den Erhalt von Wäldern, Heide- und Sumpfgebieten einsetzten. Der Grund dafür lag weniger in ihrer jeweiligen Tätigkeit (Jagd, Viehzucht, Fischfang) als vielmehr in ihrer Weltanschauung, die der Welt der Dinge, allem Faßbaren und somit auch der Umwelt verhaftet war. Nicht zufällig besinnt man sich in Zeiten besonders drastischer Eingriffe des Menschen in die Natur gerade auf die Haltung der Adligen und Bauern im Mittelalter – gewöhnlich mit übertriebener Nostalgie, so beispielsweise im achtzehnten und vor allem gegen Ende des neunzehnten Jahrhunderts, als die aus einer blühenden Wissenschaft hervorgegangene Technologie sich anschickte, die Umwelt einschneidend zu verändern. Übertriebene Sorge, Angst vor radikalen Veränderungen und zugleich der Wunsch nach »Fortschritt«, das Verlangen, »die Unbeweglichkeit der Geschichte« zu erschüttern – man denke nur an die Parolen der Futuristen zu Beginn unseres Jahrhunderts: In dieser Zeit fiel die letzte Barriere zwischen einer Geschichte der langen Dauer und den (im epistemologischen Sinn) ›stärker‹ werdenden Neuerungen.

Dieses Buch will Fragen beantworten, die sich, über den zeitlichen Ablauf hinaus, aus dem Titel ergeben. Das Augenmerk richtet sich dabei hauptsächlich auf die westliche Welt, die freilich nicht losgelöst von äußeren Faktoren betrachtet werden kann; Italien, besonders Norditalien, als Angelpunkt zwischen dem Norden und dem Süden Europas, interessierte uns besonders, unter anderem weil es lange Zeit wegweisend war.

Es wurde keine Fachsprache verwandt; die vorliegenden Studien stammen vorwiegend aus den letzten Jahren.

Bologna, 24. Oktober 1991 — Vito Fumagalli

Stadt und Land

Zwei Welten: Orient und Okzident

»Ihr seid keine Römer, ihr seid Langobarden!« Mit diesen Worten soll um 970 n. Chr. der byzantinische Kaiser ein Gespräch mit dem weströmischen Gesandten Liutprand, dem Bischof von Cremona, abgebrochen haben[1]. Dabei war es zu einem heftigen Zusammenstoß zwischen den zwei Kulturen gekommen, so daß der Hinweis auf die minderwertige Kultur der Anderen gewissermaßen die Rechtfertigung für die mangelnde Bereitschaft lieferte, auf gleichberechtigter Ebene Verhandlungen zu führen.

Ob dies nun wörtlich so gesagt wurde oder nicht, man darf davon ausgehen, daß es zu solchen Titulaturen kam, wenn Vertreter zweier Kulturen zusammentrafen, die im Laufe einiger Jahrhunderte derart verschiedene Wege gegangen waren. Zwar waren die Kontraste umso größer, je weiter die einzelnen Gebiete voneinander entfernt lagen, aber sie traten auch dort zutage, wo beide Welten miteinander in Berührung kamen und sich auf die eine oder andere Weise gegenseitig beeinflußten[2].

Die westliche Welt war bereits seit Beginn der Spätantike vom Niedergang der Städte gekennzeichnet. Gleichzeitig hatten die ländlichen Gebiete an Bedeutung gewonnen.

> »Ein großes Haus, Wohnstatt des Königs, erhaben aus Stein erbaut... weitere Häuser aus Holz im Hofe, 17 an der Zahl... Der Hof ist bewehrt durch eine solide Einfriedung mit einem steinernen Tor.«

Diese aus den Anfängen des neunten Jahrhunderts stammende Beschreibung des großen königlichen Hofes von Annapes im Norden Frankreichs[3], einer primitiven Festung, die nicht nur Mittelpunkt des Landbesitzes, sondern eben auch *Hof* (»curtis«) war, ist exemplarisch für die Herrschafts- und Verwaltungszentren, die damals über einen guten Teil des weströmischen Reiches verstreut waren, obwohl nur wenige so eindrucksvoll gewesen sein dürften wie dieser königliche Sitz. In den Augen der Byzantiner, die in blühenden und dichtbesiedelten Städten wohnten, waren solche Höfe wohl das herausragende Merkmal der westlichen Welt, das sie – beim Vergleich mit ihren Städten – sofort an Barbaren denken ließ, an die Langobarden (das Schmähwort, das der byzantinische Kaiser an Liutprand von Cremona richtete).

Holzbauten bestimmen das Bild

Das in den waldreichen Regionen des Westens reichlich vorhandene Holz war als Baumaterial in den ländlichen Siedlungen vorherrschend. So wie ein Großteil der Gebäude und der Wehranlagen an den königlichen Höfen bestanden auch auf den großen Landgütern und in den Ortschaften die Mehrzahl der Häuser und die Einfriedungen aus Holz. Schriftliche Überlieferungen und archäologische Funde lassen daran keinen Zweifel[4].

Hecken, Palisaden, Lattenzäune, hölzerne Einfriedungen jeglicher Art bestimmten das Bild, gleich ob es sich um Einzelgehöfte oder Siedlungen handelte, und *Hof* bedeutete über lange Zeit hinweg eben »eingezäuntes Areal«, auch wenn es sich nur um Bauernhöfe handelte und nicht um Herrschaftssitze. Das langobardische Recht sah sogar eine eigene Bezeichnung für den gesetzwidrigen *Hoffriedensbruch* vor – für die Zerstörung der Einzäunung durch Fremde gab es einen eigenen Namen: »hoberos« – samt einer sehr hohen Strafe[5].

Holz fand also in den ersten Jahrhunderten des Mittelalters in den ländlichen Gebieten weite Verbreitung als Baumaterial, wenn auch nicht überall in gleichem Maße. Ton und Gestein – vor allem Ziegel und Steine verfallener Bauten – wurden erst im Zuge einer verstärkten Bautätigkeit und gewandelter Erfordernisse[6] nicht nur in den Städten, sondern auch in den ländlichen Gebieten verwendet. Diese langfristige Entwicklung betraf insbesondere die Häuser der Machtinhaber, die ja in erster Linie Wehranlagen waren. Die norditalienischen Burgen erlebten diesen Wechsel von der Holz- zur Stein- oder zur Ziegelbauweise überwiegend in der Zeit zwischen 900 und 1200.

Die Höfe und die darauf oder daneben errichteten Burgen waren ebenso gesichert wie die Dörfer, aber eben auf primitive und oft unwirksame Weise. Deshalb wurden sie häufig an anderer Stelle wieder aufgebaut oder verschwanden einfach[7]. Das verlieh dem Landschaftsbild des frühen Mittelalters einen Ausdruck hoher Mobilität. Eine Ausnahme bildeten oft die befestigten Landgüter und die großen Burgen der mächtigsten Herrscher jener Zeit, die von soliderer Bauweise waren.

Mittelalterliche Wälder

Der Hof als großer Landwirtschaftsbetrieb setzte sich in den Ländern des europäischen Westens zu unterschiedlichen Zeiten durch[8]. Rasche Verbreitung fand er in den nördlichen Gebieten der Franken nach der merowingischen Epoche. In Italien setzte diese Entwicklung erst später ein[9]. Die Höfe und die Dorfgemeinschaften organisierten die Landwirtschaft und nahmen neuen Boden unter den Pflug. In der Mitte des neunten Jahrhunderts bestanden in weiten Gebieten des karolingischen Reiches große und kleine Ländereien etwa zur Hälfte aus bebauten Flächen und zur anderen Hälfte aus Wäldern, Heide und Sumpf. Felder und unbebautes Land wechselten einander ab[10]. In anderen Gegenden herrschte allerdings Brachland vor, insbesondere in den Bergen und in den tiefgelegenen Ebenen, die zum Großteil überflutet waren[11].

Robert Fossier beschrieb gegen Ende der 60er Jahre in seinen zwei Bänden über die Picardie in packendem Stil jenes Landschaftsbild, das sich ihm folgendermaßen darbot:

> Jedes Jahr erntet der picardische Bauer ein Fünftel des Getreides, das auf unserem Boden wächst. In weiten, unendlichen Ebenen folgt ein Weizen-, Hafer- oder Rübenfeld dem nächsten. Weiche, gleichförmige Wellen pflanzen sich bis zum Horizont fort, der sich vom Boden abhebt. In allen Jahreszeiten ziehen vom Meereswind getriebene Wolken über das Land[12].

Die Einförmigkeit dieser derart massiv bewirtschafteten, durchaus nicht reizlosen Landschaft wird nur von kleinen Wäldern am Rand der Siedlungen unterbrochen. Am Saum mancher geschwungener Hochebenen sind aber dichte Buchenwälder zu sehen, denn Wald in der Urform des Buchenhains existierte auch in den am intensivsten bebauten Gegenden Frankreichs. In der Poebene hingegen, wo sich der Rodungsprozeß über Jahrhunderte hinzog, wurde der letzte größere Ur-Wald (ein 500 Hektar großer Eichen- und Eschenwald) 1950 abgeschlagen[13]. Es sind nur noch handtuchgroße, im allgemeinen verkommene Waldstücke übrig[14], die man an den Fingern einer Hand abzählen kann, im übrigen herrscht die trostlose und öde Landschaft der lombardischen Heide und anderer piemontesischer und friaulischer Hochebenen.

Die Rodungen prägen das Frühmittelalter ebenso wie die späteren Jahrhunderte und die heutige Zeit. Sie sind Ausdruck gewandelter Wertsysteme, Kulturen und Gebräuche und lassen sich nicht auf rein wirtschaftliche oder demographische Ursachen zurückführen. Auf lange Sicht betrachtet, wurde die Vegetation nördlich der Alpen – damals wie heute – viel eher geschont als in den Regionen südlich der Alpen.

Stadt und Land

Städtische Siedlungsformen haben sich im nördlichen und im mittleren Teil der italienischen Halbinsel in den ersten Jahrhunderten des Mittelalters gehalten. Städte verursachten stets einschneidende Veränderungen in ihrer ländlichen Umgebung, Wälder wurden gerodet und später Sümpfe trockengelegt. Im frühen Mittelalter waren diese Eingriffe schwächer, als viele Städte auch in Italien stark »verfallen« waren und sogar wieder bäuerliche Zustände zurückkehrten. Dennoch wirkten sie auf die natürliche Landschaft ein, vor allem im zehnten und elften Jahrhundert[15]. Die Poebene – gewissermaßen Angelpunkt zwischen dem Norden und dem Süden Europas – ist das Gebiet mit der höchsten Verbreitung des sogenannten Curtissystems und gleichzeitig jenes Gebiet der italienischen Halbinsel, das bereits ab dem zehnten Jahrhundert am intensivsten landwirtschaftlich genutzt wurde. Das dichte Netz der Städte und Kleinstädte in der Poebene entsteht in dieser Zeit. Zusammen mit den Höfen und den Dörfern tragen sie dazu bei, Wälder, Teiche und Heiden in der Umgebung städtischer Siedlungen stark zu lichten und zu verdrängen. Selbst die großen Betriebe (die *curtis*) und die Dorfgemeinschaften entziehen sich nicht dieser landwirtschaftlichen Urbarmachung. Die Bodenbeschaffenheit und das Klima lassen in der Tiefebene des Po und auf den umliegenden Hügeln keine großen Wälder gedeihen wie in den gewellten mittel- und nordeuropäischen Ebenen.

Seit der Mitte des zehnten Jahrhunderts geht man im Norden Italiens dazu über, in privaten Dokumenten Grundstückmaße anzugeben, unterschiedlich genutzte Flächen großer Landgüter und bäuerlicher Gehöfte zu vermessen und so zu unterscheiden und zu trennen. Grundstücke mit Gebäuden, Weingärten, Wiesen, Felder, Wälder, Sumpf- und Heideland werden einzeln aufgeführt[16]. Zur gleichen Zeit wird in weiten Teilen Mittelitaliens auch bei städtischen Siedlungen noch nicht einmal zwischen bebauten und unbebauten Flächen unterschieden. Das Fehlen entsprechender Maßangaben deutet neben anderen Faktoren auf eine beschränkte landwirtschaftliche Nutzung des Bodens hin.

Im übrigen ist das mittelitalienische Hügelland auch heute noch weithin von dichten Waldungen, Macchia und Heideland geprägt und im Vergleich zu entsprechenden Gegenden Norditaliens weniger dicht besiedelt. Abgesehen von der geringeren Bedeutung des Curtissystems geht dies wohl auch auf das Fehlen großer Handels- und Handwerksstädte vor allem im frühen Mittelalter zurück.

Zwei Italien

Bereits im Frühmittelalter unterscheiden sich die Städte Norditaliens von denen Mittel- und Süditaliens sowohl in ihrem städtischen Erscheinungsbild als auch in ihrer Fähigkeit, das umliegende Land zu ordnen und zu verändern. Ein Großteil der Städte des südlichen Apennin ist weit mehr durch die ländliche Umgebung geprägt als im Norden. Es wohnen dort weniger Handwerker, Händler oder andere typisch städtische Berufsstände, hingegen mehr Großgrundbesitzer. Vielfach sind es Festungsstädte auf sicheren Hügeln, die eher großen Dörfern ähneln als städtischen Siedlungen, selbst wenn es sich um Bischofssitze handelt. Der Bischof ist hier nicht der Repräsentant einer Handwerker- und Händlerschicht und einiger weniger Adeliger, sondern er vertritt fast ausschließlich den Adel. Gewiß mögen *nicht alle* Städte Mittel- und Süditaliens diesem Muster entsprechen, die meisten aber beherbergen die inner- wie außerhalb der Stadtmauern mächtige Aristokratie der Landbesitzer. Auch die im Norden fortschreitende Urbarmachung fällt hier zurückhaltender aus. Die hohe

Anzahl von Städten und Kleinstädten in bestimmten Gegenden hat zwar Leben in die Geschichte des gesamten Gebietes gebracht, hat aber gerade wegen des Fehlens starker Stadtstrukturen keine großen Veränderungen bewirkt. Die Wald- und Weidewirtschaft, die im elften und zwölften Jahrhundert im Norden bereits rückläufig ist, gewinnt in der Mitte und im Süden Italiens vielerorts die Vorherrschaft. Die Ländereien bestehen weitgehend aus großen Gestrüppflächen, dichten Wäldern und Sümpfen in den Ebenen[17].

Es dürfte kein Zufall sein, daß das wahrscheinlich reichste Kloster des frühen Mittelalters – Santa Maria di Farfa – sich in Mittel- und Süditalien befand. Sein Landbesitz lag über weite Teile der Halbinsel verstreut. Anders als das norditalienische Kloster von Bobbio wurde Farfa gewiß nicht von der Zudringlichkeit der nahen Städte behelligt. Tortona und Piacenza aber trachteten bereits in der ersten Hälfte des zehnten Jahrhunderts nach dem Reichtum und der Macht von San Colombano di Bobbio[18]; ebenso verfuhr Modena gegenüber der mächtigen Abtei von San Silvestro di Nonantola[19]. Auch war der Hauptsitz der Abtei in Farfa sozial nicht so gegliedert wie das »Dorf« von San Silvestro, wo der Abt 1058 drei Schichten feststellte, eine *obere*, eine *mittlere* und eine *untere*[20]: Anzeichen für ein komplexes soziales System, das auf ein städtisches Modell hindeutet, wie es in der Poebene gang und gäbe war und dementsprechend auch öfter zur Ansiedlung von Klöstern durch Städte führte.

Die Wald- und Weidewirtschaft bleibt in weiten Teilen Mittel- und Süditaliens über Jahrhunderte bestehen, so daß große Teile des Landes brachliegen. In Norditalien hingegen führte die Curtis als höhere Organisationsform des Großgrundbesitzes zur Urbarmachung. Dieser höhere Organisationsgrad führte allerdings im klassischen Curtisgebiet zwischen Loire und Rhein nicht zu so großflächigen Eingriffen in die Landschaft wie in Norditalien. Dazu fehlte wohl eine solide, städtische und kleinstädtische Tradition, wie sie in Italien seit den Etruskern und Römern bestand. Der fränkische Raum war zudem stark von einem Adel bestimmt, der sich mehr den Wäldern verbunden fühlte als dem Ackerbau, mehr der Jagd als der Verwaltung einer Wirtschaft, die gerade auf die Beseitigung der Wälder zielte, um sie in Kulturland zu verwandeln.

Norden und Süden im europäischen Okzident

Ein weitverzweigter Handel mit landwirtschaftlichen Produkten entwickelte sich im neunten Jahrhundert in den Dörfern, Städten und den *vor-städtischen* Siedlungen großer Teile Nordfrankreichs und des Rheinlands[21]. Dies kann nur bedeuten, daß die landwirtschaftliche Produktion nach und nach zunahm. Gleichzeitig weist dies auf Bewegungsströme hin, die vom Land, vor allem vom klösterlichen Großgrundbesitz, ausgehen und in die Städte führen, die dadurch an Bedeutung gewinnen. Generell gehen die Anstöße für das Wirtschaftsleben aber vom Land aus, nicht von der Stadt. Marktplätze sind vielfach Dörfer oder vorstädtische Ortschaften. Zudem haben sich in den genannten Gebieten viele Städte aus Klöstern oder jedenfalls aus Großgrundbesitz entwickelt.

Auch in Italien fuhren die Wagen der großen Klöster über ihre Ländereien und belieferten die Märkte mit ihren Produkten. Die *Chronik* des piemontesischen Klosters Novalesa berichtet in einer Erzählung über einen Gewaltakt, daß damals ein besonderer, »wunderbar verzierter« Wagen an der Spitze aller anderen Wagen der Mönche fuhr, wenn die Feldfrüchte eingesammelt wurden, um sie in die Abtei zu bringen oder auf dem Markt zu verkaufen:

> Es wird erzählt, daß es in diesem Kloster, wie es damals Brauch war, einen wunderbar verzierten hölzernen Wagen gab, in dem, wie es heißt, nur eine Stange gefahren wurde, die bei Bedarf darin aufgerichtet wurde; sonst wurde sie beiseite gelegt. Oben an der Spitze... hing eine laute Glocke. In den nahegelegenen, zum Kloster gehörenden Höfen und Dörfern sammelten die Knechte der Mönche zu bestimmten Zeiten des Jahres das Korn oder den Wein ein. Wenn die zusammengetragenen Vorräte dann ins Kloster gebracht werden sollten, wurde dieser Wagen... in die genannten Dörfer geschickt, wo bereits etliche andere Wagen beisammen waren, meist an die hundert, manchmal auch hundertfünfzig, die das Getreide oder den Wein ins Kloster fahren sollten... Kein Herzog, Markgraf, Graf, Bischof, Visconte oder Bauer hätte es gewagt, gegen jene Wagen Gewalt anzuwenden. Es hieß sogar, *auf den Märkten in Italien schloß niemand einen Handel ab, solange die Händler nicht jenen Wagen mit der Glocke herankommen sahen*[22].

Eine anschauliche Beschreibung des Transports und Verkaufs der Anbauprodukte in Norditalien im frühen Mittelalter, wobei der klösterliche Stolz den Waren der Abtei ein besonderes Vorrecht beimißt. Wir können uns die Menge der Produkte und die Anzahl der Fuhrwerke vorstellen, die Italiens Straßen bevölkerten, wenn die Ernte den Besitzern übergeben und auf den Märkten feilgeboten wurde. Sicherlich waren hier die großen ländlichen Klöster nicht so zahlreich und bedeutend wie in Mittel- und Nordfrankreich. Die Bindung der norditalienischen Klöster an die Städte, der Umstand, daß sie Güter und Kirchen in den Städten besaßen und im Gegenzug Bischöfe und Städter vielfach über Ländereien und Kirchen auf dem Land verfügten, bewirkte vielmehr, daß auch in den ersten Jahrhunderten des Mittelalters die Wirkung der Städte auf das Land nie verlorenging. Dort, wo sie einigermaßen ihr städtisches Aussehen bewahrten, übten sie erheblichen Einfluß auf die Landschaft aus. Dies war ab dem zehnten Jahrhundert insofern von großer Bedeutung, als die zentrale Gewalt zusammenfiel, mächtige örtliche Selbstverwaltungen entstanden, die

Städte sich politisch aus den Grafschaften herauslösten und durch den Bischof und *alle* von ihm vertretenen Bürger ihren politischen Einfluß auszudehnen begannen. Um die Mitte des Jahrhunderts wurde der Bischof von Modena auch Abt von San Silvestro di Nonantola und der Bischof von Tortona Abt von San Colombano di Bobbio. Zwei große königliche Klöster unter den reichsten Norditaliens wurden damit dem höchsten Repräsentanten der Stadt unterstellt, dem Bischof[23]. Ab der Mitte des Jahrhunderts bekommt infolgedessen die Urbarmachung neuen Antrieb und folgt vor allen Dingen neuen Kriterien: Es geht nun darum, den Anteil bewirtschafteten Bodens zu vergrößern und so jenes Gleichgewicht zwischen bebautem und unbebautem Land zu durchbrechen, das sich in karolingischer Zeit eingependelt hatte und nun an seine Grenzen gestoßen war.

Der Mensch und seine Umwelt

Die Veränderung der Umwelt

Lange Zeit betrachteten die großen Klöster die Urbarmachung ungenutzten Landes als ihre Aufgabe und, das ist keineswegs nur eine nachträgliche Verklärung der Geschichte, eine späte Emphatisierung, wie es die *Lebensgeschichte* des Anselm, Abt von Nonantola, aus dem elften Jahrhundert glauben machen könnte[1]. Die im allgemeinen zurückgezogen lebenden, sich der Liturgie, dem Studium und der Arbeit widmenden Mönche, die weder am Krieg noch an der Jagd Interesse hatten, setzten sich aus anderen Gründen für den Schutz der Wälder ein als die Adligen und Berufskrieger, die in der Jagd einen Ersatz für den Krieg sahen. Diese Haltung sollte noch lange bestehen bleiben, und sie bestand schon, bevor die karolingischen Könige den Herzögen verboten hatten, »neue Wälder zu schaffen«, das heißt jene Flächen zu nutzen, die sich zur Treibjagd eigneten. Eine (im Unterschied zu anderen Gebieten jenseits der Alpen) schwache Monarchie und ein ebenso schwacher Adel unterlagen in Mittel- und Norditalien den Gegenkräften: Schon im dreizehnten Jahrhundert mußten die Gemeinden in der Poebene um den Bestand der öffentlichen Wälder fürchten, deren Pflege – oft vernachlässigt – in ihrer Obhut lag,[2] und schon lange Zeit zuvor hatte das Schwinden der Wälder selbst in den ländlichen Gemeinden der Ebenen ein bedrohliches Ausmaß angenommen, obgleich hier die Waldgebiete im allgemeinen geringeren Eingriffen ausgesetzt waren. Im Jahre 1076 erhielten die *Villani* des nördlich von Carpi im Modeneser Flachland gelegenen Ortes Fossoli vom Bischof von Reggio Emilia, Gandolfo, die Erlaubnis, ein sumpfiges Waldgebiet weiter im Norden, im Herzen der Ebene, wo es weite Gebiete ungenutzten Landes gab, zu bearbeiten[3]. Die Bauern nutzten es als Viehweide und zur Holzgewinnung. Da der Bischof jedoch die Notwendigkeit erkannte, den Holzabbau zu beschränken, durfte das Holz nur auf dem Rücken herausgetragen werden, ohne andere Transportmittel. Ein konsequenter Schutz des Waldes wurde von nun an fast überall in der Poebene ebenso nötig wie die Beschränkung der Jagd und des Fischfanges. Ziel war, den fortschreitenden Abbau der Wald- und Weidewirtschaft in Grenzen zu halten, da beide mittelfristig nicht ersetzbar waren.

Wesentlich bedenklicher war dagegen die Situation in den mittleren und höheren Lagen und im Hügelland nahe den Städten. In diesen ohnehin nur spärlich bewaldeten Gebieten begann die Sorge um das Verschwinden von Wäldern und Weideland schon früh: Im Jahre 1033 verfügte der Bischof von Modena anläßlich der Verpachtung einiger Waldgebiete, daß »die alten Stieleichen zu schützen ... und die jungen zu erhalten« seien, als unerläßliches Futter für die Schweine[4]. Dieses Schwinden der Waldbestände war keineswegs nur eine vorübergehende Erscheinung, wie zahlreiche andere Daten belegen[5]. So vollzog sich im elften Jahrhundert in weiten Teilen der Poebene eine seit geraumer Zeit andauernde und sich beschleunigende Entwicklung, welche nördlich der Alpen, wie sich zeigen wird, erst etwa ein Jahrhundert später einsetzen sollte[6].

Wald und Heide wurden durch Ackerland, Weingärten und künstlich angelegte Weiden massiv zurückgedrängt. Schriften aus jener Zeit liefern beunruhigende Zahlen über den Rückgang unbebauten Landes in der mittleren Poebene, im Gebiet entlang des Flusses zwischen Mantua und Reggio Emilia – einst eine der waldreichsten Gegenden, reich an Teichen und Sümpfen und von natürlichen und künstlichen Wasserläufen durchzogen.

Im großen Kloster von San Benedetto di Polirone, das im Jahre 1007 von Tedaldo, dem zweiten Fürsten von Canossa, gegründet worden war, reichten bereits 1114 die klösterlichen Wälder nicht mehr aus, um die Schweine zu mästen und Abgaben für die Weidung fremden Viehs zu erheben; auch gab es immer weniger Menschen, die die Herden führen konnten: Im Jahre 1114 nämlich begab sich Matilde von Canossa zu dem schwerkranken Alberico, dem Abt von Polirone, und erteilte ihm die Erlaubnis, seine Schweine in den Wäldern des Fürstentums weiden zu lassen, samt dem Recht, in einigen dieser Waldgebiete Canossas Abgaben für die Weidung fremden Viehs zu erheben. Auf sein Ersuchen wurden die Knechte des Klosters auch von der Pflicht befreit, Hilfe *(aida)* bei der Suche nach fremdem Vieh zu leisten, so daß sie sich ganz der Pflege der eigenen Tiere widmen konnten: »Die Männer des Klosters seien nicht mehr verpflichtet, beim Einfangen der Tiere in den Wäldern zu helfen[7]«.

Mit dem Rückgang der Wald- und Weidewirtschaft verschwand allmählich auch jener jahrhundertealte Zusammenhalt *(aida)* unter den Hirten, der die Grundlage bildete für das Leben in einer recht primitiven, oft feindlichen Umwelt. Es kam zu einer Werteverschiebung und damit zu einer veränderten Zielsetzung: Aufteilung, Rodung und Urbarmachung des Landes – die Zusammenarbeit *(aida)* hingegen wird aufgegeben. Dies wird auch deutlich in den Worten des Bischofs von Mantua, Hugo, zu Beginn des zwölften Jahrhunderts: Bei der Schenkung der Zehnten einiger Ländereien an das Kloster San Benedetto di Polirone im Jahre 1104 sprach er die Hoffnung aus, daß diese eines Tages bewirtschaftet würden[8].

Mit der Zeit nahmen die Rodungen zu, ganze Städte, Dorfgemeinden, einzelne Bauern, Bischöfe und Klöster waren daran beteiligt, so daß das bebaute Land schließlich die Ufer des Po erreichte und damit oft nicht mehr zu erkennen war, von wem die Initiative ausgegangen war. Im Jahre 1178 entzweite ein Streit über die Initiative und den Umfang der Rodungen die Gemeinde Pegognaga und das nahegelegene mächtige Kloster von San Benedetto di Polirone. Ein Zeitzeuge bescheinigt: »An den Ufern des Po hatten die Bewohner von Pegognaga sehr wenig gerodet, ehe San Benedetto eingriff.«[9] Doch die Landnahme erreichte auch in dieser sehr waldreichen Gegend erhebliche Ausmaße, so daß auch hier zuletzt alle Seiten für den Schutz der noch verbliebenen Wälder und Weideflächen eintraten. Im Jahre 1189 machten sich der Bischof von Mantua und der Abt von Polirone gegenseitig für die abgeholzten Wälder, die zerstörten Wiesen und die auf einst unbebautem Land errichteten Bauernhäuser verantwortlich – letztere sollten sogar abgerissen werden, um wieder Bäume und Gras wachsen zu lassen.[10]

Während die Wälder überall im Westen in ihrer Ausdehnung beschränkt, oft gar erheblich dezimiert oder völlig vernichtet wurden, blieben die Sumpfgebiete weitgehend erhalten und bestimmten das Landschaftsbild in den Ebenen nahezu bis in unsere Tage. In der zweiten Hälfte des neunzehnten Jahrhunderts gab es allein in der Region Emilia etwa 250 000 Hektar Sumpfgebiet bzw. Ländereien mit überdurchschnittlichem Wassergehalt[11]. Bald jedoch sorgten motorgetriebene Pumpen für die Trockenlegung. Bis dahin waren diese Feuchtgebiete vor ernsten Eingriffen verschont geblieben und dienten dem Menschen auf vielfältige Weise: für den Fischfang, die Vogeljagd und zur Schilfgewinnung. Zwar wurden zum Schutz vor dem Wasser Gräben angelegt (von denen bereits in norditalienischen Schriften aus dem achten Jahrhundert die Rede ist), vor allem aber entstanden Ansiedlungen und Ackerland durch die geschickte Anpassung an die Natur.

In welchem Maße das menschliche Handeln von einer *Anpassung* an die Umweltbedingungen bestimmt war, ist ungewiß. Es besteht jedoch kein Zweifel darüber, daß sie bei der Gestaltung der Siedlungsformen im Hochmittelalter eine wichtige Rolle spielte. Bodenuntersuchungen, Luftaufnahmen, archäologische Funde und Landkarten belegen, daß viele der im niederen Schwemmland gelegenen Ansiedlungen in ganz Europa in der Vergangenheit auf Schwemmkegeln oder Anhöhen lagen[12] – dies dürfte im Frühmittelalter die Regel gewesen sein. Auf diese Weise waren Wohnhäuser, Gärten und alles, was die Bauernhäuser unmittelbar umgab, vor Überschwemmungen durch Flüsse und Sümpfe und vor dem Meer geschützt. Auch scheinen Überschwemmungen größeren Ausmaßes in jener Zeit selten vorgekommen zu sein, da ausgedehnte Waldgebiete in den Bergen ebenso wie im Flachland das Wasser noch aufsogen und so verhinderten, daß es schnell talwärts floß. Erst im Hochmittelalter sollte die Landgewinnung auch die Berge erreichen, sollten neuentstandene Felder und Weiden jenen lehmigen Boden bieten, der, zu Tal geschwemmt, die Flußbetten ansteigen und die Flüsse über die Ufer treten ließ. So ist in der italienischen Geschichtsschreibung gerade zu Beginn des Spätmittelalters erschreckend häufig von Überschwemmungen des Po und seiner Nebenflüsse die Rede[13].

Die Anpassung an Landschaftsform und Wasservorkommen kennzeichnete das Handeln des Menschen im Hochmittelalter bei der Errichtung seiner Wohnstätten und der Nutzbarmachung der Natur. Gleichwohl stellte diese *Anpassung* keine unumstößliche Regel dar, sie wurde vielmehr immer wieder aus Gründen durchbrochen, die auf Wertmaßstäbe, Zivilisation, Lebensstil, militärische Zwecke oder religiöse Interessen zurückzuführen sind. So zwang etwa die Notwendigkeit, sich rasch vor den Einfällen der Ungarn zu schützen, die Menschen, an eigentlich ungeeigneten Orten Festungen zu bauen. Einige dieser Festungsanlagen wurden später verlassen, andere entwickelten sich zu Herrschaftszentren. In den von Flüssen durchzogenen Ebenen bot das Labyrinth von Wasserläufen auf der einen Seite Schutz vor feindlichen Angriffen, andererseits waren sie Ursache von Überschwemmungen. Gleichwohl entstanden zahlreiche Burgen an den Flußufern und auf Hügelkuppen und Gipfeln mit unsicherem Untergrund, da sie dem Wetter ausgesetzt und die Abhänge besonders steil waren. Einige dieser Burgen überdauerten trotz widriger Umstände lange Zeit. Im Grunde handelte es sich auch hier um eine Form der *Anpassung,* jedoch unter erschwerten Bedingungen und freilich nur unter dem Eindruck dringender militärischer Notwendigkeit; so wurden viele dieser Burgen in der Folge verlassen und teilweise an anderer Stelle neu errichtet. Schließlich ist eine allzu »naturalistische«, deterministische und umweltbestimmte Deutung des menschlichen Einwirkens auf die Landschaft unangemessen, obgleich – besonders wenn man die geringen technischen Möglichkeiten und das Wertesystem in Betracht zieht, welches dem Menschen die Achtung und Wahrung der Umwelt gleichsam auferlegte – die Natur den Rahmen und Charakter des menschlichen Handelns ihr gegenüber bestimmte.

Anpassung also, doch zugleich – bereits im Frühmittelalter – Unternehmungsgeist und das Bestreben, der Umweltbedingungen Herr zu werden, sie zu verändern. So hat der Weinbau, bedingt durch die ländliche Lithurgie und die mediterrane Ernährungsweise, das Landschaftsbild entscheidend geprägt. Mit unterschiedlichen Anbaumethoden nutzte man hierfür auch Böden, die von der Höhenlage oder der geographischen Lage her eigentlich ungeeignet waren, wie etwa die sehr feuchten Gebiete in den Niederungen des Po[14]. Der Weinbau nahm aber eine Sonderstellung ein, weil es hierfür in den italienischen Pachtverträgen detaillierte Anbauvorschriften gab.

Auch Wildpflanzen wurden immer mehr nur nach ihrer Nutzbarkeit beurteilt, so daß das Ökosystem vielfach schon im Frühmittelalter gestört war. So mußte etwa eine vom Menschen geförderte übermäßige Verbreitung einer besonders ›nützlichen‹ Baumart zwangsläufig negative Auswirkungen auf andere Arten, auf Büsche, Gräser, auf das gesamte Unterholz haben: Traubeneiche, Stieleiche, Buche und Kastanie duldeten keine große Konkurrenz. Die als *glandiferae* oder *glandarie* bezeichneten Wälder trugen ihren Namen wegen ihrer besonderen wirtschaftlichen Bedeutung für die Schweinezucht. Dies führte sogar zu einem Wechsel auch des Baumbestandes, bis hin zu reinen Eichenwäldern. Als gegen Ende des Frühmittelalters in Norditalien strenge Vorschriften zum Schutz bestimmter Baumarten erlassen wurden, wurde unter anderem auch immer die Eiche erwähnt. Die großen Lindenwälder hingegen, die einst charakteristisch für weite Teile der Niederungen waren, was vielerorts noch heute aus den Ortsbezeichnungen hervorgeht, verschwanden fast völlig. In den Statuten der ländlichen Gemeinde von Cerea im Veroneser Flachland tauchte die Linde im Jahre 1304 zusammen mit anderen geschützten Arten wie Eiche, Esche und Ulme auf[15]. Der Naturforscher Negódi konnte diese Mischung anhand der Saliceta bei Modena nachweisen[16], dem letzten großen Flachlandwald der Poebene, der 1950 der Rodung zum Opfer fiel. Die Untersuchung des fossilen Blütenstaubes kann in Verbindung mit anderen Daten und Quellen Aufschluß sowohl über klimatische und landschaftliche als auch über Veränderungen durch den Menschen geben[17].

Natur und Vorstellungswelt

Neben der Betrachtung des Landschaftsbildes müssen wir auch die Haltung des Menschen gegenüber dieser Landschaft untersuchen. In diesem Zusammenhang sind das schriftlich festgehaltene Wort und die mündliche Überlieferung (die in den sogenannten erzählerischen Quellen fortbesteht), beziehungsweise das Schweigen dieser Quellen von Bedeutung. Wälder und Haine, Sümpfe, Heideland, Getreidefelder, Weinberge, Wiesen, Olivenhaine und Kastanienwälder tauchen überall in privaten Schriftstükken des Frühmittelalters auf, denn sie wurden ständig verpachtet, verkauft, zur Verfügung gestellt, geschenkt, getauscht oder vererbt. In den Erzählungen aus jener Zeit jedoch ist von all diesen Merkmalen, die die frühmittelalterliche Landschaft prägten, keineswegs die Rede, waren sie doch so offenkundig und selbstverständlich, daß man sie weder zu benennen noch zu beschreiben brauchte; jeder konnte sie sich genau vergegenwärtigen. Man beschreibt etwas, wenn es in irgendeiner Form »außerhalb von uns« ist, wenn es anders, ungewöhnlich oder unbekannt ist; hier dagegen genügten wenige Worte beziehungsweise knappe, einfache *Zeichen*, die unmittelbar ein bestimmtes Bild entstehen ließen. Es war dies jedoch keineswegs ein Schematismus oder eine Annäherung, es handelte sich vielmehr um durch das Wort – und oft eben ohne das Wort – spontan hervorgerufene Bilder. Das ›Andere‹ hingegen bedarf der oft genauesten Beschreibung. So verfiel auch der westliche Gesandte in Byzanz, Liutprand von Cremona, ob dieser Welt, die so anders war als die seine, in einen beschreibenden Realismus, während er sich doch bei anderen Gelegenheiten viel kürzer zu fassen pflegte[18].

Später, nach dem Mittelalter, erfuhr die Pflanzenwelt in den sogenannten erzählerischen Quellen eine weitaus größere Beachtung. Diese Entwicklung ging einher mit einem Erstarken der städtischen Kultur; der Mensch begann nun gewissermaßen, sich von der Natur zu lösen, und zwar sowohl von der domestizierten Natur als auch vor allem von jener natürlichen Umwelt, die kaum oder gar nicht von ihm verändert wurde: Wälder, Haine und das weite Heideland. Diese Gebiete verloren ihre wirtschaftliche Bedeutung und somit das Interesse des Menschen, der sich ihnen weniger verbunden fühlte, sie weniger liebte. So gingen die Waldbestände immer mehr zurück, während das urbar gemachte Land mehr und mehr in den Vordergrund trat.

Bebautes Land gehörte zum alltäglichen Bild des Menschen; das Andere, Fremde, Ungewöhnliche war jetzt die nicht-kultivierte Landschaft, die – von Ausnahmen abgesehen – zunehmend fremder wurde. Und wie alles Fremde flößte sie Neugier und darüberhinaus Mißtrauen und Angst ein. Deshalb begann man, ein genaues Bild der natürlichen Umwelt zu zeichnen. Während im Frühmittelalter nur bestimmte Wälder Furcht einflößten, wie zum Beispiel der im neunten und zehnten Jahrhundert von den Sarazenen bewohnte Wald von Frassineto, wurden in späterer Zeit alle Wälder in literarischen Werken zu Stätten der Gewalt, der Hexenzusammenkünfte, der Geisterbeschwörung und der Begegnung mit den Toten. Auch die darin lebenden Tiere riefen Angst oder auch Abscheu hervor – man denke vor allem an die Gestalt des Wolfes. Die Stadtbevölkerung zog bei der Ernährung immer mehr das Fleisch von Haustieren vor, Wild war dem Adel und der Landbevölkerung vorbehalten[19]. Im Gegensatz dazu hatten in den Anfängen des Frühmittelalters Menschen und wilde Tiere in einer sehr urtümlichen Landschaft miteinander leben müssen. Man denke nur an die Diskrepanz zwischen dem guten Wolf, der Ende des sechsten Jahrhunderts den Ahnen des Diakons Paulus durch riesige Wälder führte, und jenem schrecklichen, unwirklichen Wolf von Gubbio, dem sich die Menschen nicht einmal bewaffnet näherten und der sich nur durch den heiligen Franziskus zähmen ließ. Doch die Heimat des Wolfes, die großen Wälder, und seine Beutetiere waren nahezu verschwunden, und so griff er notgedrungen auch den Menschen an. Eine veränderte Realität liegt einer veränderten Vorstellungswelt zugrunde. Der Mensch hat seine eigene Wahrnehmung, seine Beurteilung der Umwelt und ihrer Ressourcen geändert, da sich die Umwelt im allgemeinen und die Pflanzenwelt im besonderen – vor allem aufgrund menschlicher Eingriffe – gewandelt hat.

Menschen, Gewässer, Wälder

Vor dem Eingreifen des Menschen

Um Bedeutung und Tragweite der Landwirtschaft im Mittelalter, einer Zeit der Urbarmachung ausgedehnter Wald- und Sumpfgebiete, beurteilen zu können, müssen wir uns die natürliche Umwelt, in der die Menschen lebten, anhand eines konkreten Beispiels vor Augen führen und dabei auch die Veränderungen der Landschaft in früheren Epochen in Betracht ziehen.

Wenden wir uns der Emilia-Romagna zu, so offenbart uns ein flüchtiger Blick auf die Landkarte eine geographische Zweiteilung: ein bergiger steht einem etwas größeren, ebenen Teil gegenüber. Keiner der beiden Teile weist besondere Höhen auf, die Landschaft ist regelmäßig und sanft, die im übrigen Norditalien zu findenden, außergewöhnlichen Erhebungen wie die Alpen und das Piemonteser oder das lombardisch-venetische Hochland fehlen hier nahezu völlig. Dieses in weiten Teilen aus großen Steinen und Geröll gebildete, von einer dünnen Tonschicht bedeckte Hochland ist die karge Heimat einer spärlichen Vegetation: die lombardische Heide, die Piemonteser Sanddünen, die Gegend um Brescia, die mageren Böden des Friaul – diese Gebiete sind weitgehend noch heute ungenutzt, abgesehen von vereinzeltem Getreideanbau und einigen in jüngster Zeit angelegten Baumbepflanzungen.

Derartige Ausdehnungen unfruchtbaren Landes gibt es in der Emilia-Romagna nicht, so daß der Mensch nie den nahezu sinnlosen Kampf mit ihnen aufzunehmen hatte. In diesem aus feineren Gesteinsschichten bestehenden und von einigen Flußläufen durchzogenen emilianischen Hochland existieren seit langem menschliche Siedlungen und eine blühende Landwirtschaft. Dies ist ein den Menschen und seinen Siedlungsbemühungen wohlgesonnenes Land, im Norden durch den Verlauf der Via Emilia von der weiten Ebene getrennt, die sich wie ein endloser Fächer zur Romagna hin ausdehnt. Sie hatte über Jahrtausende aus Wäldern und Sümpfen bestanden und bietet heute dank jahrhundertelanger Entwässerung fruchtbares Ackerland[1].

Die Frühgeschichte

In der Mitte des Paläolithikums ließen sich die ersten Menschen in der Berg- und Hügellandschaft des Apennin nieder. Die großen Tiere, die in den warmen Zwischeneiszeiten hier lebten, waren zu diesem Zeitpunkt entweder nahezu völlig ausgestorben, oder unsere Vorfahren siedelten sich außerhalb ihrer Lebensräume an. Bei Parma hat man zwischen dem Bergland und den Ufern des Po hauptsächlich Knochen und Zähne von Nashörnern, in der Tiefebene die von Elefanten und Rentieren, bei Salsomaggiore die von Flußpferden und in den Hügeln bei Traversetolo die von ausgestorbenen Rinderarten gefunden.

Zu Beginn der Steinzeit drangen die Menschen in das Hochland vor, während die großen Sumpfgebiete nördlich der heutigen Via Emilia weitgehend unberührt blieben. Dorthin wagte sich der Mensch erst im zweiten Jahrtausend v. Chr., und zwar vor allem in das Gebiet zwischen Trebbia und Panaro. In der heutigen Provinz Parma entstanden ansehnliche Siedlungen: die von Castellazzo di Fontanellato beispielsweise, eine der vielen *Terramaren,* dürfte etwa 20 Hektar groß gewesen sein. In der Bronzezeit waren die Menschen, die in die Ebene der Emilia und der Romagna vorstießen, in der Lage, Geräte aus Metall zum Abholzen der riesigen Bäume herzustellen; hier erbauten sie inmitten von Tümpeln und Sümpfen ihre Städte. In der Eisenzeit wurden dann die Werkzeuge, die seit geraumer Zeit an die

Stelle der steinernen Beile und Sicheln getreten waren, weiter verbessert.

Vor knapp viertausend Jahren, in der Bronzezeit, wagte sich der Mensch zum ersten Mal in die endlosen Wälder der Poebene. Diese bestanden nach Untersuchung Kellers, die sich auf die Betrachtung fossiler Funde stützen, aus Linden, Ulmen und Eichen. Besonders die Eichen erfuhren mit dem Einzug eines gemäßigten Klimas eine Verbreitung, die ihresgleichen sucht. An den Ufern der Flüsse und Tümpel wuchsen unzählige Pappeln, Erlen und Weiden. In der Bronzezeit veränderte sich die Gestalt der Wälder in der Poebene kaum, abgesehen vom Auftauchen der Buche und später der Kastanie. Zu jener Zeit bot sich denen, die sich anschickten, dieses Gebiet zu erschließen, das Bild eines einzigen riesigen, von unzähligen Sümpfen und den Nebenflüssen des Po durchzogenen Waldes. Die Menschen schufen sich Wege in das Innere dieses Waldareals, »gruben« sich lange Gänge (dieser Begriff ist angesichts der schwindelerregenden Höhe der hundertjährigen Bäume angemessen), schlugen Lichtungen. Gleichwohl blieb der Wald größtenteils unverändert. In den Bergen bewahrten die Wälder der Emilia-Romagna noch deutlicher ihre Gestalt und Ausdehnung. Die Eingriffe des Menschen in die Natur waren somit weitgehend auf die höheren Lagen und auf das Hügelland beschränkt, hier hatte die Landschaft ihr natürliches Aussehen teilweise eingebüßt.

In den großen, nahezu unberührten Bergwäldern, die den nordischen Wäldern glichen, mischten sich Erlen- und Eichenhaine mit Tannen und anderen Nadelhölzern. Letztere wurden im Laufe der Zeit immer weiter zurückgedrängt. Im Spätmittelalter und zu Beginn der modernen Zeit gibt es sie noch im Apennin, im vergangenen Jahrhundert wurden sie auf wenige Exemplare dezimiert, und heute findet man sie fast nur noch in künstlich angelegten Wäldern[2].

Die große Siedlungsbewegung in römischer Zeit

Abgesehen von der Gründung der Stadt Spina im Bereich des Po-Deltas und einigen unbedeutenden Ansiedlungen, wissen wir nicht, ob das emilianische Flachland zur Zeit der Etrusker entscheidende Veränderungen seiner natürlichen Gestalt erfahren hat. Eine umfangreiche Wandlung vollzog sich jedoch zweifelsohne mit der Besiedlung durch die Römer. Nach der Fertigstellung der Via Emilia entstanden im Lauf der Zeit entlang des Straßenzuges vor den Tälern des Apennin, der noch heute die Region durchquert, zahlreiche Städte, die der Verteidigung gegen Angriffe aus den Bergen dienten. Andere entstanden an den Ufern des Po, um die Kontrolle der Schiffahrt zu sichern, oder verstreut über das ganze Gebiet von Friaul bis nach Piemont zum Schutz vor den Gefahren aus den Alpentälern. Ein Straßennetz verband die militärischen Anlagen von Nord nach Süd, von Ost nach West, es durchzog die uralten Wälder und säumte die Sumpfgebiete. Zweimal in der Geschichte, zu Beginn des zweiten Jahrhunderts v. Chr. und in augusteischer Zeit, wurden Veteranen in den neuen Städten angesiedelt, die das Land untereinander aufteilten. Von den Stadtkernen aus drang der Mensch im Laufe einiger Jahrhunderte weit in die Ebene vor, bemächtigte sich der Wälder und zerstörte sie, legte die Sümpfe trocken. Zwar gingen Historiker wie Schulten fehl, wenn sie bei der Betrachtung der Landkarten im Maßstab 1:25 000 aus der strengen, gleichmäßigen Aufteilung des Landes in die sogenannten Zenturien auf eine dichte und wohlgeordnete Besiedlung schlossen; doch wurden damals in der Tiefebene große Flächen urbar gemacht. Bedauerlicherweise haben die Überschwemmungen des frühen Mittelalters, die Wirren der Überfälle und Plünderungen durch Barbaren und Soldaten, die Seuchen und die Errichtung neuer Bauwerke auf den Ruinen viele der römischen Spuren in dieser Gegend verwischt.

Wenngleich wir weit entfernt sind von einem klaren Bild der Besiedlung und Bebauung des Bodens im emilianischen Flachland zwischen dem zweiten Jahrhundert v. Chr. und dem vierten Jahrhundert n. Chr., so zeugen doch zahlreiche, noch im frühen Mittelalter verwendete (und auf jene Zeit zurückgehende) Ortsbezeichnungen sowie Schriftstücke aus verschiedenen Epochen, in denen von weiten Gebieten mit antiken Ruinen die Rede ist, und schließlich viele archäologische Funde davon, daß Dörfer, Städte, Straßen, Kanäle und Felder in römischer und spätrömischer Zeit das Land kennzeichneten. Dazwischen blieben umfangreiche Wald- und Sumpfgebiete bestehen, Nischen, die sich die Natur bewahrte, in denen sich die geordneten römischen Legionen nur unzureichend bewegen konnten und zuweilen schwere Niederlagen erlitten. Im Jahre 68 n. Chr. wurden die Truppen Vitellius' von den Soldaten Vespasians in einen Hinterhalt gelockt und besiegt: Diese hatten sich in den dichten Wäldern versteckt, die die Via Postumia zwischen Cremona und Verona säumten. Die Lomellina, jenes weite Gebiet zwischen Po und Tessin, dessen Wälder beinahe bis an die Mauern Pavias stießen, blieb gänzlich außerhalb der Besiedlung durch die Römer und bewahrte lange, bis in die moderne Zeit, ihr urtümliches Aussehen.

Die natürliche Umwelt zwischen Spätantike und frühem Mittelalter

Vor allem am Ende der Spätantike, im vierten und fünften Jahrhundert, war die italienische Landschaft durch brachliegende, vom Menschen verlassene Gebiete geprägt. Neben der Landwirtschaft setzte sich eine weitere Form der Bodennutzung mehr und mehr durch: die Wald- und Weidewirtschaft, also die Nutzung von Wäldern, Sümpfen und Heideland. Das unbestellte Land (das sich freilich nie über große Gebiete erstreckte) bildete nun den wirtschaftlichen Eckpfeiler, die hauptsächliche Lebensgrundlage des Menschen.

Im Jahre 387 n. Chr. zeigte sich der heilige Ambrosius auf seinem Weg auf der Via Emilia zwischen Bologna und Piacenza schmerzlich berührt von der Öde der einst so üppigen vorapenninischen Ländereien und vom düsteren Zerfall der Städte, die er als heruntergekommen bezeichnete. Angesichts des Ruins der Städte konnte auch die Landwirtschaft sich nur schwerlich erholen, die in der Emilia ihre Wachstumsimpulse gerade aus den städtischen Ansiedlungen bezogen hatte. Die Städte der Emilia, die fast alle vor den Tälern des Apennin angelegt worden waren, um Angriffe einheimischer Banden aus dem Innern der Berge abwehren zu können, wurden nun häufiger von der anderen Seite, aus dem Norden, angegriffen. Sie alle waren jedoch nicht imstande, auf Dauer den Gefahren zu widerstehen, die von den Truppen ausgingen, die im Verlauf der blutigen Auseinandersetzungen in der späten Kaiserzeit die italienische Halbinsel in allen Richtungen durchzogen. So erlitt zum Beispiel Modena während des Krieges zwischen Konstantin und Massentius die Zerstörung seiner Mauern, wurde hundert Jahre später von den Goten Alarichs und hundertfünfzig Jahre später von den Hunnen überfallen. Bis zu den Gotenkriegen (535 bis 553) und der darauffolgenden Invasion der Langobarden, die sich auf die gesamte Halbinsel erstreckte (568 bis ca. 600), wurden die größeren Städte gestürmt, angezündet und erheblich zerstört. Die kleineren an der Via Emilia und den anderen Straßen der Poebene, der Via Postumia, der Via Claudia Augusta, der Via Fulvia, gelegenen Städte, die der Versorgung und Unterkunft von Soldaten und Reisenden dienten und jene überall in den Niederungen und an den Ufern des Po verstreuten Festungen wurden angegriffen, geplündert und blieben größtenteils verlassen zurück. Orte wie Tanneto, Fidenza, Fiorenzuola, Brescello oder Claterna fielen in einen jahrhundertelangen Schlaf, aus dem nicht alle wiedererwacht sind, und ließen in der Landschaft zwischen Via Emilia und Po verstreute Ansammlungen weißer Ruinen zurück. Oft stellte die gewaltsame Zerstörung nur den Todesstoß für ein städtisches Gefüge dar, das schon über Jahrhunderte dahinsiechte, wie die Wiederverwendung von Baumaterial für die Errichtung neuer Häuserkomplexe in der emilianischen Stadt Piacenza gegen Ende der Kaiserzeit deutlich macht[3].

Im beginnenden Mittelalter bot sich dem Betrachter überall in der Poebene das Bild einer Ruinenlandschaft. Die Marmorbauten von Brescello – die Stadt wurde 603 von den Byzantinern auf der Flucht vor den langobardischen Truppen angezündet – lagen bis Ende des zehnten Jahrhunderts versunken inmitten der Büsche und Bäume des Heidelandes und wurden erst dann wieder freigelegt, um bei der Befestigung der neuen Ortschaft an den Ufern des Po Verwendung zu finden. Von Fidenza wäre uns wohl nicht einmal der Name erhalten geblieben, wäre dort nicht der Legende nach der Märtyrer Donnino umgebracht worden und nach ihm ein in der Nähe entstandener, mittelalterlicher Ort benannt gewesen.

Etwa um das Jahr 589, auf dem Höhepunkt des Krieges der Langobarden gegen die Byzantiner, als der Streit zwischen den langobardischen Fürsten soeben beigelegt war, trat die Etsch über ihre Ufer und überschwemmte die Tiefebene bei Verona. Nach den Schrecken und dem Gemetzel der Jahre des Interregnums (573 bis 583), als die Fürsten durch das Land gezogen waren und es ausgeraubt hatten, als »die Kirchen geplündert, die Priester umgebracht, die Städte zerstört und die Bevölkerung dezimiert« war (so die Quellen), zerstörten nun noch – in Abwesenheit der Menschen – Überschwemmungen weite Teile der Poebene. Ehe die Etsch weiter östlich einen neuen Lauf fand, überflutete sie das gesamte Gebiet, das bei Ostiglia von Legnago zum Po hinunter abfällt, und begrub die Reste einer römischen

Siedlung im Sumpf, in dem sie über Jahrhunderte verbleiben sollte. Erst seit der zweiten Hälfte des letzten Jahrhunderts, als man mit der Urbarmachung des Bodens in den »Grandi Valli Veronesi« begann, kamen die Mauern von Wohnhäusern zum Vorschein, Reste von Kanälen, Gegenstände jeder Art und Bäume, riesige, entwurzelte Bäume, deren Wurzeln zur Etsch und deren Kronen zum Po zeigten, die fossilisiert und somit in der Position ihres Sturzes erstarrt waren. Und noch heute stoßen die Bauern bei der Bestellung des Landes und beim Umpflügen der schwarzen, torfreichen Erde auf Ziegelsteine. Diese sogenannte »Überschwemmung von Verona« beschränkte sich jedoch nicht auf dieses Gebiet, sondern traf zumindest teilweise auch die angrenzende Region Emilia. Gleichwohl hat das Sumpfland, das sich in Venetien mehr als 1300 Jahre lang über Tausende von Hektar Land erstreckte, hier die Ruinen erhalten, während man sie anderswo für den Bau von Klöstern, Kirchen und Burgen im Mittelalter wiederverwandt hat. Eine Ausnahme stellt Spina dar, das in augusteischer Zeit zerfallen war und später unter den Geröllmassen der Überschwemmungen des Po begraben und erhalten wurde, die auch vor den alten, auf den weiten, höher gelegenen Gestaden des Deltas befindlichen Siedlungen nicht haltmachten. Andernorts hingegen hat die Plünderung der Ruinen, die mit der Ausbreitung der Städte im elften Jahrhundert immer mehr zunahm, dazu geführt, daß die Reste aus römischer Zeit fast vollständig aus dem Bild der Landschaft verschwunden sind.

Gegen Ende des siebten Jahrhunderts, als der Streit zwischen Langobarden und Byzantinern nahezu beigelegt war, hatte die Emilia ihr politisches Gleichgewicht wiedergefunden, es bildete sich eine Grenze entlang des Panaro heraus: die Langobarden lebten im Westen, die Byzantiner im Osten des Flusses. Die Tiefebene war fast völlig von riesigen Wäldern und weiten Sumpfgebieten bedeckt, die bis an die alten römischen Städte an der Via Emilia reichten – so war zum Beispiel Modena noch im siebzehnten Jahrhundert vollkommen von Sumpfland umgeben. Die Stadt ist diejenige der westlichen Emilia, die mit 35 Metern am niedrigsten über dem Meeresspiegel liegt, sie war damals (wie die meisten Ansiedlungen der mittleren und tieferen Ebene) eine Insel. Das Wasser, das sich in alle Richtungen ausgebreitet hatte, konzentrierte sich vor allem auf die flachen Gebiete der Poebene, bedrohte aber zunehmend auch die langen, höhergelegenen Kuppen, die eine Art Insel bildeten und somit die alten, menschlichen Siedlungen schützten. Die in der Niederung von Modena gelegene alte Pfarrgemeinde von Quarantoli, San Giovanni del Dosso und Poggio Rusco jenseits des Po bei Mantua im Norden, das nahegelegene Gebiet von Mirandola im Süden, die Pfarrgemeinde von Coriano weiter nördlich und Gavello im Osten – alle diese Orte umgaben, auf geneigten, konzentrischen Ringen gelegen, die tiefste Senke des Gebiets, die nach innen noch weiter bis auf 15 bis 8 Meter über dem Meeresspiegel abfällt. Dies sind die »Valli« (Täler), ein lange ungenutztes Sumpfgebiet, das erst vor einigen Jahrzehnten entwässert wurde. Heute liegt hier flaches, trockengelegtes Land mit wenigen Bäumen, seltenen Vögeln, torfreicher Erde, die nach dem Pflügen schwarz ist – eine Ebene von etwa 30000 Hektar, die im Mittelalter der Mittelpunkt der sich von Modena bis zum Po erstreckenden, bewaldeten Moorlandschaft war und etwa 15 Kilometer, bevor sie den Fluß erreichte, ihren tiefsten Punkt hatte. Dabei war sie wiederum nur ein Ausläufer des größten, bis zum Delta reichenden Sumpfes, der schon die römischen Siedler aufgehalten und von ihnen nur teilweise eingedämmt und zurückgedrängt worden war, der sich jedoch jetzt, zu Beginn des Mittelalters, erneut ausbreitete und nun ein Gebiet von nahezu unüberwindlicher Weite bedeckte, nördlich der Linie, die von Guastalla in den Niederungen bei Reggio bis nach Cervia in der Romagna führt, wo das Meer sich mit dem Wasser verband.

Felder, Wälder und Sümpfe – das Landschaftsbild im Hochmittelalter

In der zweiten Hälfte des achten Jahrhunderts stießen einige der neugegründeten, großen, königlichen Klöster mit ihren Besitztümern ins Herz der Tiefebene der Emilia vor und siedelten sich auch am Rande der sehr sumpfreichen Gegend östlich von Mirandola an. Weiter südlich entstand um das Jahr 750 das Kloster San Silvestro di Nonantola, das für die landwirtschaftliche Nutzung eines zunächst sehr begrenzten Landstriches im sogenannten *Gaium Lamense* sorgte. Später wurde dieses Gebiet dank der Initiative der Gemeinden Nonantola, Persicetano und Cento erweitert. Dieser moorige Wald erreichte im Norden das Gebiet jenseits des Po um die heutige Stadt Mantua und umfaßte auch die Senke in der Gegend von Cento. Ein beachtliches Areal unbebauten Landes, das unter staatlicher Verwaltung stand und von Sermide nach Bondeno in der Gegend von Ferrara reichte, war vermutlich schon vor dem achten Jahrhundert der bäuerlichen Gemeinde *Flexum,* dem heutigen Mirandola, überlassen worden. Zahlreiche weiter südlich gelegene Ländereien wurden dem Kloster Nonantola von den Langobarden-Königen geschenkt. Wesentlich weiter östlich, am Rande des sich immer mehr ausbreitenden Sumpfgebietes, war zwischen dem Fluß und der Via Emilia im Bereich des großen Deltas bereits die Abtei von Pomposa entstanden. Zu jener Zeit bestand sie nur aus einer Gruppe von Mönchen, die einsam in der Moorlandschaft lebten, die sich jedoch bereits daran machten, die Insel, auf der sie lebten, vor Überschwemmungen zu schützen.

Im Westen des Secchia und des *Gaium Lamense* erstreckte sich das Waldgebiet weiter und mündete in den *Gaium Salecta,* der in einem Schriftstück von Desiderio und Adelchi aus dem Jahre 772 erwähnt wird. In dem Dokument heißt es, ein etwa 30 Quadratkilometer umfassender Teil des großen Waldes von Reggio sei dem Nonnenkloster San

Salvatore in Brescia geschenkt worden, zu dessen Besitz bereits das kleine, eingezäunte Gut Migliarina bei Carpi, im Herzen des Waldes, zählte. Der Kern dieses Gutes, dessen Name vom lateinischen *miliarum* kommt, war wahrscheinlich eine alte römische Siedlung, die die Geschehnisse des fünften bis achten Jahrhunderts überdauert hatte und in einen barbarischen *Hof* umgewandelt worden war; dieser war von einem dichten Wall aus Gebüsch umgeben, der das Ackerland von den umliegenden Wäldern trennte. Der zur Migliarina gehörende Teil des öffentlichen Waldes von Reggio bestand aus einem parallel zur Via Emilia verlaufenden Waldstreifen, der bei der Umzäunung des *Hofes* begann und in nordöstlicher Richtung bis zu der alten Pfarrgemeinde Santa Maria di Fabbrico verlief. Ein weiteres Stück des großen Waldes war dem Brescianer Kloster San Benedetto di Ceno geschenkt worden, andere Teile wiederum waren in den Besitz bäuerlicher Ansiedlungen am Rande des Waldareals übergegangen. Diese wenigen Orte waren ein Zeichen menschlicher Besiedlungen, deren Ursprung wohl auf römische Zeit (beispielsweise Campagnola Emilia und Fabbrico) zurückgehen mag.

In einem Dokument aus dem Jahre 772 ist von Neuland am Rande des Waldgebietes von Reggio die Rede, von gerade erst urbar gemachtem Land, das von einer ersten zaghaften Erschließung zeugt. Eine Aufstellung der beweglichen und unbeweglichen Güter des Hofes von Migliarina vom Ende des achten Jahrhunderts belegt, daß es sich hier um ein zum großen Teil bewaldetes Gebiet handelte: Nur 160 von 4200 Joch (1 Joch = ca. 7900 m^2) im herrschaftlichen Teil des Landes waren bebaut.

Wälder und Sümpfe bedeckten auch das flache Land um Parma. Hier war die gesamte Landschaft von Wald und Moor gekennzeichnet und mit kleinen Inseln gesprenkelt; und doch hatte der Mensch bereits von ihr Besitz ergriffen, denn dieses Land war einfacher zu erschließen als die immer noch zu sumpfigen Wälder bei Reggio und Modena oder die endlosen Moorlandschaften bei Ferrara und in der Romagna.

Auch die höheren Lagen und die hügelige, dem Apennin vorgelagerte Landschaft, in spätantiker Zeit (4. bis 5. Jahrhundert) aufgrund des Krieges zwischen Langobarden und Byzantinern teilweise unbewohnt, waren bis ins 9. beziehungsweise 10. Jahrhundert hinein mit kleinen und großen Wäldern übersät; dies gilt insbesondere für das Gebiet entlang des Panaro und der reißenden Flüsse der Romagna. Allerdings war in der Tiefebene viel weniger Land bebaut. Die übergroße Mehrheit der Siedlungen lag zwischen der Via Emilia und dem Gebirge. Dichter besiedelt war die historische *Romagna* östlich von Bologna, hier hatten kleine römische Städte die Zeit überdauert, während die Gründungen in der Emilia durch die Langobarden-Invasion zerstört worden waren. Das Fortbestehen der byzantinischen Herrschaft und das immer mächtiger werdende Erzbistum von Ravenna trugen zur Verbreitung bäuerlicher Ansiedlungen bei, deren Name *fundi* auf ihre römischen und spätrömischen Wurzeln verweist. Östlich von Bologna, jenseits des Panaro, der die Grenze zwischen byzantinischem und langobardischem Gebiet bildete, waren hingegen, vor allem vom 8. Jahrhundert an, die obere Ebene und die Hügel dichter besiedelt, so daß von einem demographischen und landwirtschaftlichen Aufschwung nach dem Einbruch des vierten bis sechsten Jahrhunderts die Rede sein kann.

In den Bergen und Tälern der quer zur Via Emilia verlaufenden Ausläufer des Apennin war, im Gegensatz zur Antike, zu Beginn des Mittelalters eine stark zunehmende Besiedlung zu verzeichnen. Dies stand in Zusammenhang mit der Gründung byzantinischer Festungsanlagen wie Borgotaro, Bismantova und Castel Frignano, die den Langobarden den Zugang nach Ligurien, in die Lunigiana und zu Teilen Umbriens und der Marken verwehren sollten.

Abgesehen von den bewirtschafteten Lichtungen in der Umgebung der byzantinischen und langobardischen Burgen jedoch erstreckte sich der Wald lückenlos über Bergketten und Täler. Am dichtesten und undurchdringlichsten war er auf dem hohen Kamm der Wasserscheide, wo die Gipfel 2000 Meter und mehr erreichten. Dieser Teil des Apennin bei Reggio und Modena wurde häufiger mit dem Begriff *alpes* statt *montes* bezeichnet, um seine außergewöhnliche Höhe und den Hochgebirgscharakter von Flora und Fauna zu bekunden. Gleichwohl rückte die menschliche Besiedlung im neunten Jahrhundert bis knapp unter diese urtümlichen Gipfel vor, wo der nackte Fels aus dem splittrigen Lehmboden herausragt, jene schroffen Spitzen, die die Menschen damals als »petrosi atque rupinosi« bezeichneten.

Im zehnten Jahrhundert gab es in Reichweite der apenninischen *alpes* bereits viele große Landgüter, die im Laufe der Zeit aus kleinen, verstreuten Gütern entstanden und allmählich zu großen Herrschaftssitzen geworden waren: Orte wie Monchio, Lugolo, Nirone, Vallisnera, Antesica oder das in 900 Metern Höhe gelegene Cervarezza, das aus der teilweisen Zerstörung des enormen *Gaium Cervarium,* des Hirschwaldes, entstanden war. In der Romagna hingegen gab es nicht überall so hoch gelegene Siedlungen.

Dennoch blieben ausgedehnte Wald- und Sumpfgebiete in der Emilia und der übrigen Poebene unangetastet. Dem stetigen Vordringen der Bauern war eine unüberschreitbare Grenze gesetzt in Gestalt der endlosen moorigen Niederungen der Poebene und der Wälder des Mittel- und Hochapennin. Die systematische Erschließung der großen Senke von Modena und Mantua begann eigentlich erst Ende des elften Jahrhunderts.

Die mittelalterliche Besiedlung

Die Bauern behaupteten, sich in den Niederungen des Po, im Herzen eines der urtümlichsten Landstriche dieses Gebietes. Sie holzten Bäume ab, pflügten Wiesen um, bauten Wohnhäuser, errichteten feste Zäune um ihre Besitztümer und erklären damit der alten Wald- und Weidewirtschaft insgeheim den Krieg. Zäune und Hecken – so klagt ein Dokument aus dem Jahre 1189 – verhinderten, daß das Vieh sich frei in den Wäldern und an den Wassergräben bewegen konnte, um an deren Rändern zu weiden, und daß es nicht mehr über öffentliche Straßen zur Weide getrieben werden konnte. Bauern und Viehzüchter standen sich zu beiden Seiten der zum Schutz der gepflügten Äcker angelegten Hecken gegenüber. Doch die immer erbitterteren Streitigkeiten deuteten auf das rasche Verschwinden einer uralten Form der Bodennutzung hin: die freie Weide.

Gegen Ende des elften Jahrhunderts wurde auch in der Tiefebene die Sorge um den Erhalt eines Teils der ursprünglichen Landschaft spürbar; in den mittleren und höheren Lagen der Ebene, die bereits im frühen Mittelalter weniger waldreich waren, fürchtete man wesentlich früher um den Verlust von Wäldern und Sümpfen. Und während in der Tiefebene – wo unbebautes Land reichlich vorhanden war – Besitztümer von ansehnlicher Größe entstanden (10 bis 20 Hektar), wurde der Wald von Vaciglio bei Modena in Parzellen von wenigen Hektar aufgeteilt und den Siedlern überlassen. Ähnlich verfährt man auch bei den bereits bebauten Ländereien am Hof von Baggiovara bei Modena im Hochland.

Die Besiedlung drang zaghaft bis in die sumpfigen Wälder der Senke von Ferrara vor, wo am 13. April 1112 Matilde von Canossa der Gemeinde San Benedetto di Po ein Stück Land schenkte, das zur Rodung freigegeben und auf der einen Seite durch einen Sumpf, auf der anderen durch neuerschlossenes Land begrenzt war. In Fossalta di Copparo, das fast das Epizentrum der Deltasenke bildete, erhielten im Jahr 1148 mehrere Familien von Erzbischof Moses von Ravenna die Erlaubnis, 29 Jahre auf einer Landzunge zwischen den Mündungsarmen des Po, den sumpfigen Tiefen und von Menschen geschaffenen Gräben zu siedeln.

Bald nach der Erschließung dieses sehr sumpfigen Landstriches bei Ferrara entstanden auf diesem Gebiet zahlreiche Gutshöfe, so etwa in der Pfarrgemeinde Támara, wo im Jahre 1147 mehrere Bewohner, die in Erbpacht ein Viertel eines Gutes in Corlo innehatten, dieses noch einmal halbierten. Vom achten Teil eines Gutes im selben Ort ist im folgenden Jahr die Rede, ebenso von zahlreichen ähnlichen Fällen in jener Zeit. Es handelte sich hierbei jedoch um ganz andere Betriebe als die in der westlichen Emilia. In der Modeneser Senke entstanden die Gutshöfe zu Lasten des unbebauten Landes, das innerhalb der einzelnen Grundeinheiten völlig verschwand oder zumindest drastisch zurückging. In der Gegend um Ferrara und Ravenna dagegen schienen diese Grundeinheiten im allgemeinen von großen Wald- und Sumpfgebieten bedeckt gewesen zu sein. Wenn die großen Gutshöfe in Schriftstücken beschrieben werden, ist oft davon die Rede, daß diese einschließlich der Sümpfe, Fischteiche und Hochstände zu sehen seien, die auf ihrem Gebiet lagen. »Zur Bearbeitung, für den Vogelfang und die Jagd« wurden im Jahre 1148 Ländereien verpachtet. Diese Formulierung veranschaulicht eine ganz andere wirtschaftliche Sichtweise als diejenige, die sich hinter dem Ausdruck »Für die Bearbeitung« verbirgt, der die Pachtverträge von Piacenza, Parma, Reggio, Modena und Bologna einleitet.

Die endlose Sumpflandschaft von Ferrara, die sich von Copparo im Norden bis nach Argenta im Süden erstreckte, war von einer Unzahl von Siedlerhäusern übersät, die einzeln oder in Grüppchen standen und an die sich kleine, bebaute Landstreifen anschlossen, ein Zeichen für die punktuelle Erschließung des Landes. Der größte Teil der bebauten Fläche, auf dem auch das Bauernhaus stand, diente dem Unterhalt der Siedlerfamilie. Das sogenannte *casale* wurde wohl vor allem für den Gemüseanbau genutzt, der hier reichhaltiger war, um die mageren Erträge der für den Getreide- und Weinanbau genutzten Fläche auszugleichen. Doch zuweilen lag ein solches Gehöft ganz einsam da, ohne viel bebautes Land, am Rande oder im Innern des sumpfigen Landstreifens, gleich einem kleinen Flecken, der noch darauf wartete, sich in das umliegende Brachland auszubreiten: Die Gutshöfe in der Senke von Ferrara konnten angesichts der endlosen Moorlandschaft, die von den Mündungsarmen des Po und aus dem Meer gespeist wurde, nur eine bescheidene Größe haben; eine umfängliche Erschließung war in den Niederungen bei Ferrara, Ravenna und Forlì nahezu unmöglich.

Die Ausbreitung des bebauten Landes – Notfälle und Streitfälle

Die bäuerlichen Gemeinden in der Ebene, die das kultivierte Land zu Lasten der in ihrem Besitz befindlichen Wälder erweitert hatten, mußten nun feststellen, daß sie weite Teile der Waldgebiete und damit ihre eigene Lebensgrundlage zerstört hatten. Es fehlte das Holz zum Feuermachen, zur Herstellung von landwirtschaftlichem Gerät und Hausrat und zum Häuserbau. Die großen Eichenwälder, in denen im Herbst die Schweine die Eicheln fressen konnten, gehörten fast alle der Vergangenheit an. Es geschah nun etwas Eigenartiges: Diejenigen, die einst unermüdlich neues Ackerland und Weingärten geschaffen hatten, suchten jetzt erbittert unbebautes Land zur Holzgewinnung und Weidung des Viehs. Und während der Preis der Nutzung verpachteter, unbebauter Flächen nun besonders hoch war und die Nutzung stark einschränkte, ergaben sich gleichzeitig bei den gerade erst unter den Pflug genommenen Böden noch keine großen Einnahmen. Für das Neuland, das Mitte des zwölften Jahrhunderts überall in der Ebene und verstreut auch in anderen Gegenden entstand, drohte immer die Erhebung des Zehnten durch die Kirche, also die Abgabe des zehnten Teiles der Ernteerträge und der Tiere. Zu jener Zeit brach also der große Streit um die Kontrolle des Zehnten zwischen Pfarreien und Klöstern, Bischöfen, adligen Verpächtern und den Gemeinschaften der Bauern aus, die sich hartnäckig weigerten, diese Abgabe zu zahlen, nachdem sie die Mühen der Urbarmachung auf sich genommen hatten.

1132 erhielt der Abt des Klosters von San Benedetto di Po den Erlaß des Zehnten durch den Erzbischof von Ravenna für die Kirchen, die dem Bischofssitz von Reggio Emilia unterstanden: Santa Maria *de Villolis,* das Kloster von San Benedetto di Gonzaga mit seinen Kapellen, San Sisto di Palidano, San Bartolomeo di Quistello, Sant' Andrea di Gabbiana, San Venerio *de Marzaneto,* San Pietro di Rolo. Der Bischof von Reggio behielt sich die kanonische Rechtsprechung und Priesterweihe sowie einen bescheidenen Geldbetrag vor. Später wurde der Erlaß auf sämtliche Gebiete des Klosters ausgedehnt. Zugeständnisse dieser Art dienten jedoch letztlich nicht der Lösung eines heiklen Problems, sondern machten es vielmehr erst sichtbar.

Im Laufe der Zeit ließen die eindrucksvollen Ergebnisse der Urbarmachung den Streit um alte Rechte und Vorrechte wiederaufleben. So beanspruchte die alte Pfarrei von Pegognaga – in Mißachtung der Entscheidung des Erzbischofs von Ravenna – den Zehnten gegenüber der Kirche von *Villole,* die zu San Benedetto di Po gehörte, und versuchte, dieses Recht mit Waffengewalt zu erkämpfen. Während der Wirren des Schisma infolge der Wahl Alexanders III. zum Papst im Jahr 1159, als Barbarossa die politische Lage in Norditalien beherrschte und Viktor IV. zum Gegenpapst ernannte, ergriffen die Geistlichen von Pegognaga die Gelegenheit, ihre Ansprüche doch noch durchzusetzen. Das Kloster von San Benedetto, das seit der Gregorianischen Reform auf der Seite Roms stand, blieb isoliert, da die Poebene weitgehend unter dem Einfluß der Anhänger Friedrichs I. stand. Die Geistlichen von Pegognaga nutzten die Situation: Aus einem Prozeßbericht aus dem Jahr 1178 wissen wir, daß zur Zeit des Schisma die Geistlichen von Pegognaga sich bewaffnet nach *Villole* begaben und dort die Getreideernte beschlagnahmten. Auch bei anderer Gelegenheit dürften Abgesandte der Pfarrgemeinde, wie Zeitzeugen zu berichten wissen, Gewalttaten begangen haben. Der Streit wurde zugunsten der Kirche von *Villole* und des Klosters entschieden, da das in Kultur genommene Land durch angeheuerte Männer des Abtes auf seine Kosten und nicht durch die zur Pacht lebenden Siedler dem Wald entrissen worden war. Das Urteil folgte den Richtlinien des Heiligen Stuhls bezüglich der Zehnten, wonach die Abgaben aus den eigenbewirtschafteten Flächen direkt an die Klöster gehen sollten, während die Pächter der klösterlichen Güter sie an die jeweilige Pfarrkirche zu entrichten hatten. Den Siedlern der Klöster oblag die gesamte Last der Zehntenabgabe, die zu den Pachtzahlungen hinzukam: der Zehnte an den Pfarrer, die Abgaben in Naturalien (häufig ein Drittel oder ein Viertel des Getreides und die Hälfte des Weins) und in Geld an den Abt, dem weitere Erträge unterschiedlicher Art abzuliefern waren. Häufig verblieben die Zehnten jedoch in der Hand des Klosters, und zwar auch für das Land der Siedler: Die 46 vom Abt von San Benedetto im heutigen Gebiet jenseits des Po bei Mantua angesiedelten Familien, die dort neue Güter errichteten und vor allem Getreide, Wein, Hanf und Leinen anbauen sollten, lieferten ihren Zehnten dem Kloster ab.

Die zahlreichen Prozesse um die Zahlung des Zehnten und die Gewährung der Eigentumsrechte verliefen im allgemeinen glimpflich. Zuweilen jedoch nahm der Protest der Bauern gewalttätige Formen an, zumal wenn sie die Eigentumsrechte für das der Natur so mühsam abgetrotzte Land forderten. Nach den Erinnerungen des Zeugen eines Prozesses aus dem Jahre 1151 soll der Vater des Streitenden dem Abt von Santa Maria di Felonica vorgeworfen haben, dieser hätte ihm wertloses Land überlassen, um es dann umgebrochen und bestellt zurückzuerhalten: »Für den Finger, den du mir gewährst, bekommst du eine ganze Hand zurück.« Die Familie des kühnen Bauern bekam das Eigentumsrecht für das bei Bologna gelegene Land zugesprochen und hatte lediglich eine Zahlung von 40 Batzen an das Kloster zu leisten.

Die Erschließung und Zerstörung der Wälder

Zu Beginn des vierzehnten Jahrhunderts hatte die unaufhaltsame Landgewinnung die Waldlandschaft der Poebene endgültig zerfressen oder ausgetilgt, so daß vielerorts von den dichten Wäldern nichts blieb als mehr oder weniger große Fetzen und Streifen, die mit jenen Waldgebieten, die es noch fünfzig Jahre zuvor gegeben hatte, nicht mehr vergleichbar waren.

Das Verhältnis von bebauten Flächen einerseits und natürlicher Wiesen- und Sumpflandschaft andererseits war jedoch nicht überall in der Emilia und der Poebene gleich. Während östlich von Bologna, abgesehen von den riesigen Tümpeln im Bereich des Deltas, den Moorgebieten von Comacchio und den Gebieten entlang der weitverzweigten romagnolischen Flußläufe, die Wälder rasch zurückgingen, hielten sich westlich der Stadt einige größere Waldgebiete. Die Statuten von Mirandola und des nahegelegenen Quarantoli aus dem Jahre 1386 lenken unsere Aufmerksamkeit auf ein Gebiet, in dem die Ebene der westlichen Emilia ihren niedrigsten Punkt erreichte. Östlich des Städtchens Pico, wo konzentrische Bergrücken breite Streifen abfallenden, flachen Landes eingrenzten, staute sich das schwer kanalisierbare Wasser und begünstigte die Erhaltung einer riesigen bewaldeten Moorlandschaft. Einige Artikel der Statuten, die wir dem Tonfall nach nicht als Wiederholungen veralteter Klauseln ansehen können, regelten die Jagd auf Reh und Wildschwein. Diese Tiere benötigen bekanntlich zum Überleben viel Platz und einen dichten Mischwald, so daß ihr Lebensraum etliche Hektar groß sein mußte: Da die Artikel des Statuts sonst keinerlei Besorgnis um das Überleben dieser Tierarten erkennen lassen, können wir davon ausgehen, daß die Waldbestände noch beträchtlich waren.

Im Südosten lag einst im achten Jahrhundert n. Chr. der große Wald von Lupoleto, dessen Erinnerung eng mit dem Namen eines bescheidenen Gehöftes verbunden ist: Lovoleto, etwa zehn Kilometer südlich von Mirandola. Noch zu Zeiten Tiraboschis, der gegen Ende des achtzehnten Jahrhunderts ausführlich darüber berichtete, blieb davon »ein nicht geringer Teil dessen, was man einst den Wald von Camposanto, die Saliceta oder San Felice nannte«. Im vierzehnten und noch im fünfzehnten Jahrhundert kam es zu verstärkten Rodungen, so daß die Este, die inzwischen in den Besitz des Waldes gelangt waren, das Abholzen streng begrenzen mußten. Bis in unsere Tage ist der Einfluß, den der Bestand weiter Waldgebiete über Jahrhunderte auf die Gewohnheiten der Bauern hatte, und der Eindruck, den Bäume und Teiche hinterließen, in der Bezeichnung »Bosco della Saliceta«, Wald der Saliceta, erhalten geblieben, obgleich doch dieses wenige Kilometer südlich von Mirandola gelegene Gebiet heute nur aus bestelltem Land besteht. Bis vor wenigen Jahrzehnten stellte der Bosco della Saliceta den letzten Flecken des alten mittelalterlichen Waldes, das Herz der alten *Silva Lupuletum*, dar: Diese umfaßte ein wenige Quadratkilometer großes Gebiet nördlich des heutigen Gehöftes von Lovoleto. Die sumpfige Niederung östlich von Mirandola dagegen blieb bis zur zweiten Hälfte des vergangenen Jahrhunderts nahezu unverändert, als eine einschneidende Urbarmachung begann, die in der Zeit zwischen den Weltkriegen und in der Folge fortgesetzt wurde. Die Öde der einstigen Moorlandschaft, deren Bild angesichts der flachen Landschaft, die sich baumlos und nur mit wenigen Häusern gesprenkelt bis zum Horizont erstreckt, noch heute in der Phantasie des Betrachters entsteht, offenbart sich auch in Ortsbezeichnungen, mit denen die Vorstellungskraft der Bauern die Ereignisse der Besiedlung in der Erinnerung festhalten wollte. Die Namen der in jüngerer Zeit entstandenen Gehöfte, die am Rande oder im Innern des einstigen Sumpfes lagen, zeugen von der Bereitschaft zu mageren Einkünften oder gar von großem Elend: la Casazza – das alte Haus, la Torbida – das düstere Haus, la Guazza – das modrige Haus, la Losca – das finstere Haus, la Disturbata – das gestörte Haus, la Pitoccheria – das Bettelhaus, la Miseria – das Elend. Die letzteren zwei, deren Namen für sich sprechen, lagen in unmittelbarer Nähe des alten Sumpfes *Valle le Partite*.

Der hohe Wassergehalt des Bodens und die damit verbundene weite Verbreitung von Sumpfgebieten waren charakteristisch für die Tiefebene zwischen Bologna und Ravenna. Die Gründe für diese verstärkten »Taleigenschaften« der niederen emilianischen Ebene liegen in der späten geologischen Schichtenbildung, in ihrer tektonischen Verschiebung und in den Schwankungen der Wasserläufe, die im Frühling und Herbst erhebliche Geröllmassen in die Ebenen hinunterspülten. Die »Täler« begrenzten noch im sechzehnten und siebzehnten Jahrhundert das Gebiet um Imola nördlich der Linie Fusignano-Conselice, wo Flüsse und Bäche im Sumpf verliefen und einen riesigen See bildeten. Erst gegen Ende des achtzehnten Jahrhunderts begann in diesem Gebiet mit seinen großen, schilfbedeckten Tümpeln die Entwässerung. Man errichtete Deiche entlang der Wasserläufe, während die Täler mit Lehmablagerungen aus den Flüssen aufgefüllt wurden, welche man in den Po von Primaro leitete. Hier ergossen sich der Sillaro, der Santerno und der Po, die bis dahin in den Sumpfgebieten verlaufen waren. Die beiden großen Täler von Ravenna wurden durch die neue, hohe Eindeichung des Santerno getrennt. Das Tal von Passetto wurde weitgehend ausgetrocknet. Abgesehen von den *terre vecchie* der Romagna, handelte es sich im Grunde um eine erste Bonifizierung in den Gebieten von Ravenna, Forlì und Ferrara und in der Tiefebene von Bologna, die noch über anderthalb Jahrhunderte weitergeführt wurde.

Früher und heute

Als der Mensch sich in diesen Gebieten der Ebene an die großen Täler heranwagte, waren die Wälder nahezu verschwunden, abgesehen vom Pinienwald von Ravenna und dem Wald von Mesola; die dortigen Steineichen und immergrünen Eichen stellen ein Relikt aus mittelalterlicher Zeit dar.

Da nun die Wälder der Ebenen zerstört waren, begann die Ausbeutung der alten Bergwälder zur Holzversorgung der Städte, Dörfer und Küstenorte. In der Emilia blieben diese Wälder bis gegen Ende des Mittelalters unberührt, erst im sechzehnten und siebzehnten Jahrhundert begann man sie abzuholzen, als von den Waldgebieten in der Ebene nur noch Flecken, dünne Streifen weniger Baumreihen, übrig waren. Gleichwohl blieben die Bergwälder über 1000 Meter weitgehend unberührt. Beispielhaft mag in diesem Zusammenhang die Geschichte des Monte Penna im ligurisch-emilianischen Apennin sein.

Während der letzten Eiszeit im Quartär, als die Vegetation in Mittel- und Nordeuropa angesichts des vorrückenden Eises nur bis an den Südrand der Alpen reichte, stellte der nördliche Apennin eine Zufluchtsstätte für die Pflanzenwelt dar. Der Monte Penna und die umliegenden Bergketten waren damals von Pflanzen besiedelt, die von den

Eisbänken aus den Alpentälern verdrängt worden waren. Als jedoch mit dem Ende der Eiszeit das Klima milder wurde, verließen die Bäume, Büsche und Gräser, die sich hierher zurückgezogen hatten, den Apennin nicht völlig, sondern fanden in einigen ausgeprägt alpinen Gebieten ihren Schlupfwinkel. Dies geschah im Gebiet des Monte Penna über 1300 Meter, wo Silbertanne, Fichte und Latschenkiefer lange Zeit überdauerten; später allerdings wurden sie von Buchenwäldern verdrängt, die sich in diesen Gebieten ausbreiteten. Die Tanne blieb bis ans Ende des Frühmittelalters, bis zum elften Jahrhunderts, erhalten, um dann zusammen mit anderen Nadelhölzern allmählich vollkommen aus dem Apennin zu verschwinden. Im Spätmittelalter regierte dann der Buchenwald überall auf dem Monte Penna. Die Verwendung der Bäume als Baumaterial war aber durch strenge Vorschriften geregelt, so daß der Wald keine schwerwiegende Beeinträchtigung erfuhr.

Bis gegen Ende des neunzehnten Jahrhunderts blieb die dichte Bewaldung somit weitestgehend erhalten. Nachdem jedoch 1872 der Buchenwald auf emilianischer Seite in den Besitz von Industriebetrieben gelangt war, begann seine rasche Zerstörung. 1887 entstand in Santa Maria del Taro, am Fuße des Monte Penna, eine Chemiefabrik, die sich reichlich mit Holz aus dem nahegelegenen Buchenwald versorgte, so daß weite Teile des Waldes dem Kahlschlag zum Opfer fielen. Das Abholzen der hohen, dickstämmigen Bäume zerstörte das ökologische Gleichgewicht des Waldes unwiederbringlich. Plötzlich war das gesamte Unterholz betroffen, da der riesige Laubschirm der großen Äste fehlte, der das zu starke Sonnenlicht abgehalten hatte, und die Erde, ihres »Daches« beraubt, vom Regen fortgewaschen wurde. Die alpinen und subalpinen Arten, die hier in uralter Zeit Zuflucht gefunden hatten, ertrugen das durch das Abholzen hervorgerufene, veränderte Klima nicht mehr und zogen sich teilweise in die schattigen, kühlen Schluchten des Berges zurück. Die Mittelmeerkräuter begannen dagegen die Höhen zu erobern, wo für sie ideale Bedingungen herrschten. Im ligurischen Teil des Monte Penna setzte diese Erschütterung des natürlichen Gleichgewichtes indessen erst 1924 ein.

Seit einigen Jahrzehnten wird der ligurische Teil wiederaufgeforstet, es werden Nadelhölzer gepflanzt als Ersatz für den alten Buchenwald, während auf der emilianischen Seite das kontinuierliche Abholzen des Waldes beendet wurde, um die alten, natürlichen Bedingungen wiederherzustellen. Der Zweite Weltkrieg hat die Bemühungen zur Wiederherstellung des Waldes nur teilweise unterbrochen. Heute gewinnt der große Wald des Monte Penna mehr und mehr seine frühere Ausdehnung und Gestalt zurück.

Nach dem Mittelalter

Als sich der Mensch im zu Ende gehenden Mittelalter gegen die Wälder auf Hügeln und in der Ebene behauptet und endgültige Breschen geschlagen hatte, blieb das jahrhundertelange Streben nun an einer Schwelle stehen, die lange Zeit nicht überschritten wurde. Er hatte sowohl das Brachland wie die Wälder zurückgedrängt und Platz geschaffen für die landwirtschaftliche Nutzung. Getreidefelder und Weingärten prägten das Bild der erheblich veränderten Landschaft. Dennoch säumten bewaldete Landzipfel, Streifen unberührter Heidegebiete und vor allem riesige Sümpfe das bebaute Land und reichten manchmal bis an die Mauern der Städte; dichte Baumbestände aus Pappeln und Weiden begrenzten auch in der Ebene die Flußläufe, vor allem die Ufer des Po. Der Wald war nach wie vor ein wichtiger Bestandteil der Landschaft, eine feste Größe in der Vorstellungswelt. Es entsprach einer über Jahrhunderte der Vertrautheit mit der Pflanzenwelt gewachsenen Gewohnheit, die Natur in angemessenen Grenzen zu halten, sie zu verändern, sie nutzbar zu machen – statt sie zu zerstören und völlig auszurotten. Wo dies dennoch geschah, ließen Fürsten, Herzöge und Markgrafen die Flächen wieder aufforsten. Im Tal des Po sind noch immer die kläglichen Reste der großen herrschaftlichen Parkanlagen zu finden, deren Vegetation von ihren alten Ursprüngen zeugt.

Die bestellten Felder waren mit der Zeit immer dichter mit langen Reihen von Pflanzen besetzt, von denen grüne Rebengirlanden herabhingen – dies ist die im Spätmittelalter entstandene, große Bepflanzung der Poebene, die gewissermaßen die einstigen Wälder zu neuem Leben erweckt und somit das Überleben einer der alten Baumarten, der Ulme, ermöglicht hat, die damals von einer erbarmungslosen Krankheit befallen war. Am Rand der Städte säumten nicht selten die letzten Waldzipfel die außerhalb der Stadtmauern angelegten Gemüsegärten, deren Grün sich bis in die Stadtgärten zog und zuweilen über die letzten Baumwipfel emporragte. Noch in den dreißiger Jahren des letzten Jahrhunderts verfügte Mailand, das ein Gebiet von etwa 800 Hektar umfaßte, über mindestens 150 Hektar Grünfläche; hinzu kamen die zahlreichen Kanäle, ein weiteres Anzeichen für eine »natürliche« Landschaft, die gewiß nicht vor den Toren der Stadt endete. Die Wälder der Merlata waren damals nicht weit von den Stadtmauern entfernt und säumten die Straßen der Brianza nach Erba und Como. Gegen Ende des Jahrhunderts verschwanden diese Wälder, da man die letzten, unbestellten Flächen landwirtschaftlich nutzen wollte. Das neunzehnte Jahrhundert war noch weitgehend von Wiesen und pittoresken Landschaften bestimmt, von deren Niedergang auch die Malerei der Zeit zeugt. Die Wälder, die nun die höheren Lagen und die ersten Hügel vor Parma mit spärlichem Gehölz bedeckten, das immer mehr von Lagerhallen und plumpen Kastenbauten zurückgedrängt wurde, boten vor hundert Jahren noch ein ganz anderes Bild. Anders hingegen der große Park von Colorno, wo der mittelalterliche Wald einem Jagdrevier gewichen war, dessen Schloß im siebzehnten Jahrhundert restauriert und zum Herzogspalast umgebaut wurde.

In umbertinischer Zeit wurden die letzten Wälder der Poebene gelichtet und zerstört, die großen herrschaftlichen Parkanlagen zerschnitten, die städtischen Gärten vernichtet, um großen Häusern Platz zu machen, die Mauern eingerissen und mit bepflanzten Stufen versehen, um die Stadt zu erweitern. Das Grün zerfiel in unzählige kleine Gärten und wurde hinter enge Gitter und Buchsbaumhecken gesperrt. Doch dies war nur der zaghafte Beginn einer Entwicklung, die erst in unseren Tagen den Charakter einer *Endlösung* angenommen hat.

Schon 1958 schrieb ein anerkannter Botaniker, die Poebene biete vornehmlich das Bild einer »Getreidesteppe«. Dies war damals noch ungenau, da die Bepflanzung aus Ulmen, Maulbeerbäumen und Weiden jener Eintönigkeit der endlosen, osteuropäischen Felder noch entgegenwirkte und für ein milderes Klima sorgte. Die Definition ist heute für weite Teile der Poebene allerdings zutreffend, wo die Ulmen nicht mehr der Geißel der Krankheit unterliegen, sondern dem unerbittlichen Kalkül einer Landwirtschaft, für deren lärmende Maschinen sie nur ein lästiges Hindernis darstellen.[4]

»Barbaren« und Römer

Langobardisches Italien und byzantinisches Italien

Der unter byzantinische Herrschaft gelangte Teil Italiens, die *Románia*, entwickelte sich anders als der zunächst von den Langobarden und später von den Franken unterworfene Teil, ganz zu schweigen vom übrigen Westeuropa. Langobarden und Franken bewirkten Veränderungen in den wirtschaftlichen, sozialen und institutionellen Strukturen des eroberten Gebietes. Forschungen der letzten Jahre über die nördliche Hälfte Italiens haben entsprechende Besonderheiten ans Licht gebracht[1]. Der Fortbestand der Städte und ihre Bedeutung für das umliegende Land stellen den wichtigsten Unterschied zum langobardischen Herrschaftsgebiet dar. Schon die Anzahl der Städte ist bezeichnend: Während sie auf byzantinischem Gebiet dicht gestreut sind, werden sie auf dem langobardischen zu Beginn des Mittelalters immer seltener. Ihre Einwohnerzahl nimmt ab und ihre Grundfläche verringert sich außerordentlich. Manche Städte verfallen oder lösen sich völlig auf, von anderen, die verschwunden sind und der Legende angehören, kennt man nicht einmal mehr den genauen Standort. Ein typisches Element der langobardischen Landschaft und Siedlungsform sind die behördlichen und militärischen Niederlassungen auf dem Lande. Anderswo stellten sie nie eine ernsthafte Konkurrenz zu den bestehenden Städten dar. Die von den Langobarden eroberten ländlichen, byzantinischen, Wehrsiedlungen hingegen erstarkten in ihrer Funktion als territoriale Zentren, wurden größer, nahmen an Fläche und an Bevölkerung zu und entwickelten sich zu beachtenswerten Verwaltungszentren; sie brachen dadurch das System der an die Städte gebundenen Landbezirke auf und bewirkten schließlich deren Verfall. Zusätzlich zu den eroberten Siedlungen errichteten die Langobarden neue Dörfer auf dem Land, von denen viele militärischen Charakter hatten. Als die Kriege gegen die Byzantiner mit der Zeit abflauten, änderten diese Siedlungen auch ihr Wesen und wurden zu Bezirkszentren bemerkenswerter Größe.

Rolle und Struktur der Stadt

Im byzantinischen Raum waren sowohl die Häuser und städtischen Gebäude wie auch die Anordnung der Stadt selbst viel komplexer als die städtischen Zentren im langobardischen Bereich[2]. Dokumente aus dem hohen Mittelalter belegen, daß die dramatische Rückkehr zu bäuerlichen Zuständen im sechsten und siebten Jahrhundert auch die Städte betraf[3], aber ungleich in den beiden Zonen. Im langobardischen Gebiet gehört zum Wohnhaus auch in der Stadt der Boden, auf dem es steht, der Garten; jedes Haus ist von einem Stück Land umgeben. Die Wohnhäuser sind im allgemeinen sehr einfach, oft einstöckig, räumlich nicht nach Funktionen unterteilt und bestehen aus meist ziemlich unstabilem Material; im übrigen bedrängte die Natur (Sümpfe, Wald und Heide) diese Städte.

In der *Románia* hingegen weisen die Stadthäuser eine räumliche Unterteilung, Maße und Charakteristiken auf, die in der *Langobardía* unbekannt sind. Rimini in der Pentapolis ist viel eher eine Stadt als Reggio Emilia, Parma, Piacenza oder andere im langobardisch besetzten Gebiet. Auch bei den langobardischen Städten mit ausgesprochen urbanem Charakter wie Mailand oder Verona ist die Unterteilung und die Qualität der Stadtgebäude nicht mit der der Städte der *Románia* zu vergleichen. Abgesehen von einigen öffentlichen Gebäuden, bestand der Großteil der städtischen Bauten in Mailand ebenso wie in Pavia, der Hauptstadt des Reiches, aus ärmlichen, einfachen und kleinen

Bauten. Bauernhütten standen auf Flächen, die dem Ackerbau und der Viehzucht dienten. Die Hausgärten wurden freilich vom elften Jahrhundert an drastisch zurückgedrängt, da sie für den Bau neuer Häuser für die wachsende Bevölkerung benötigt wurden. Gerade im Zusammenhang mit ihrer Parzellierung und Veräußerung zu Bauzwecken erfahren wir aus den Dokumenten von einer beeindruckenden Menge innerstädtischer Gärten, ihrer Ausdehnung und ihrer Verteilung über die ganze Stadt. Ebenso erfahren wir gerade im Zusammenhang mit ihrer Einschränkung und Abschaffung von Reben, Wiesen und Brachland innerhalb der Städte: Richtig erkennbar wird das Ausmaß dieser städtischen Landwirtschaft erst, als sie an Bestand und Qualität stark zusammenschrumpft, die Stadt ihr bäuerliches Aussehen ablegt und nun wieder eine Gestalt annimmt, die sie seit Jahrhunderten nicht mehr hatte.

Bischöfe und Äbte

In der *Romània* garantierte das Fortbestehen der Städte im frühen Mittelalter den ausgesprochen städtischen Institutionen und speziell den Bischöfen ein größeres Gewicht als in der *Langobardía*. Den vier Bischöfen der westlichen Emilia stehen ein Dutzend Bischöfe in dem Gebiet gegenüber, das von Bologna bis zum Meer reicht. Auch Zahlen haben ihre Bedeutung: Wo es viele Bischöfe gab, blieb für andere Institutionen nicht mehr viel Raum, schon gar nicht für solche, die sich als eigenständig erweisen oder zu Widersachern werden konnten. So fehlen beispielsweise in der *Romània* jene großen Klöster der *Langobardía*, deren Hauptsitz sich nicht selten an die Mauern einer Stadt anlehnte, deren Güter aber große Teile des Landes inner- und außerhalb ihrer Diözese umfaßten und insgesamt oft reicher und ansehnlicher waren als die Bistümer. Man denke etwa an das Nonnenkloster von Santa Giulia di Brescia oder an das Mönchskloster von San Zeno in Verona. Vor allem findet man in der *Románia* keine Landklöster von der wirtschaftlichen und kulturellen Bedeutung wie San Colombano di Bobbio bei Piacenza oder San Silvestro di Nonantola bei Modena. Im ganzen Frühmittelalter sind diese Klöster ebenso reich und angesehen wie die Bischöfe, die ihren geistigen Einfluß und ihren Landbesitz in der Diözese dadurch nicht nach Belieben ausdehnen können. In der *Románia* hingegen sind die Klöster nicht nur weniger reich, sondern stellen auch keine Alternative oder Konkurrenz zu den Bischöfen dar. Vielmehr werden sie sogar oft von Bischöfen gegründet, allerdings fast immer in einer Stadt oder in ihrer Nähe. Das einzige wirklich reiche und einflußreiche Landkloster der nördlichen *Románia*, Santa Maria di Pomposa, entstand an der unbewohnten, sumpfigen, nordöstlichen Peripherie des Gebiets. Nahe der Küste gelegen, im Mündungsgebiet des Po und weitab von allen Städten, konnte Santa Maria di Pomposa sein Territorium vergrößern und sich zu einer berühmten Stätte der Kultur und einem Zentrum der Macht entwickeln. In der *Langobardía* dagegen lag San Silvestro di Nonantola kaum zwölf Kilometer von Modena entfernt, in dessen Diözese es mehr als anderswo seinen Grundbesitz und seine Pfarreien vermehren konnte. In der Tiefebene um Modena, zu der das Bistum fast keinen Zugang hatte, war das berühmte Kloster praktisch ohne Konkurrenz.

Die Pfarreien

Nirgendwo sonst kam den Pfarrämtern als territorialer Verwaltungsinstanz eine solche Bedeutung zu wie in der *Románia*. Hier bezog man sich, anders als in Norditalien, zur Feststellung der Lage von Grundstücken auf die Pfarrbezirke[4]. Die Pfarrei war für den Zusammenhalt des Landes wichtig und stand eng mit dem Bischof in Verbindung. Letztlich handelte es sich auch bei den Pfarreien auf dem Land um städtische Einrichtungen, und sie waren fest in die Organisation des Territoriums eingebunden, da die Städte diese Funktion auch im frühen Mittelalter über den Bischof und die Pfarreien ausübten. In der *Langobardía* war ihr Einfluß auf das Land wohl nicht so groß. Hier wurde – zumindest in der Emilia – zur Lagebestimmung von Grundstücken bei finanziellen Transaktionen noch bis in die erste Hälfte des neunten Jahrhunderts auf die Pfarrbezirke zurückgegriffen, während später nur noch die Ortschaft genannt wurde, in der sich der Besitz befand. In der *Románia* hingegen wurde bis ins zwölfte Jahrhundert und darüber hinaus auf die Pfarrbezirke Bezug genommen.

Städtische und klösterliche Ländereien

Die Urbanisierung der *Románia* hatte sehr frühe Wurzeln und war bereits in frühester Zeit ein Unterscheidungsmerkmal gegenüber dem späteren langobardischen Herrschaftsgebiet[5]. Als zum Beispiel zu Beginn des Mittelalters der mittlere und südliche Teil der Region Marken unter die Herrschaft der Langobarden fiel, ging die Anzahl und Ausdehnung der Städte zurück. Wo sie vorher bereits verfallen waren, wurden sie nicht wiederaufgebaut, zumindest nicht als Städte. In den nördlichen Marken hingegen blieben zahlreiche Städte im frühen Mittelalter bestehen, sie lassen jedoch keinen Vergleich mit den städtischen Zentren im langobardischen Herzogtum Spoleto zu, die klein und unbedeutend blieben. Die einzige Ausnahme als reiche und angesehene Stadt bildete Fermo.

Dem bescheidenen Wohlstand der Bischöfe stand der Reichtum der zahlreichen Klöster gegenüber. Vor allem Santa Maria di Farfa besaß viele große Ländereien in der langobardischen Sabina. Auch hier haben wir also klösterliche Ländereien – wie in der *Langobardía* Norditaliens – und kleine Städte, während der nördliche Teil der Marken den Bischöfen und den Städten gehört. Schon allein der Landbesitz des Erzbischofs von Ravenna konnte sich sehen lassen; er besaß unter anderem in der Gegend von Osimo beträchtliche Güter. Es handelt sich um die damals »Massa Auximana« genannten Ländereien: eine Bezeichnung für den gesamten Grundbesitz des Bischofs von Ravenna in diesem Gebiet. Einen großen Teil des Landes nehmen weitere Ländereien des Erzbischofs von Ravenna ein[6], der in Italien der größte Grundbesitzer nach der römischen Kirche war. Bezeichnenderweise handelte es sich um einen Bischof der *Románia*. Kein anderer Kirchenfürst verfügte in Italien über den Reichtum, den Einfluß und das Ansehen des Bischofs von Ravenna, nicht einmal der wohlhabende und mächtige Erzbischof von Mailand. Es ist kein Zufall, daß der Mailänder Bischof sich nicht so bereichern konnte wie der von Ravenna, residierte er doch in einem Gebiet, in dem die großen Klöster mindestens so reich, wenn nicht noch reicher waren als die Bistümer. In Mailand gab es das Kloster von Sant'Ambrogio und gleich in der Nähe das Kloster von Santa Giulia in Brescia, San Benedetto di Leno bei Brescia und San Pietro in Ciel d'Oro in Pavia, die alle von den langobardischen Königen gestiftet worden waren. Weitere Klöster gab es in den Städten und auf dem flachen Land. Sie dehnten ihren Besitz überall in der Lombardei aus und standen so der Expansion des Erzbischofs von Mailand unüberwindlich im Wege.

Die großen Klöster

Für das Bestehen großer Abteien in der *Langobardía*, deren Reichtum und Ansehen oft das der Bischöfe überstieg, gab es auch wesentliche politische Gründe. Die langobardischen Herzöge und der König fanden weder mit dem Bischof von Rom noch mit denen anderer Diözesen inner- und außerhalb ihres Herrschaftsgebietes je zu einer wirklichen und dauerhaften Eintracht[7]. Dazu trug auch der von den Langobarden lange vertretene Arianismus bei, der sie zu scharfen Gegnern der kirchlichen Hierarchie machte. Statt den Reichtum und das Erstarken der Bischöfe zu fördern, zogen die langobardischen Monarchen es daher vor, eigene Klöster zu gründen, die ihrer strikten Kontrolle unterstanden. Unweit von Rom gelegen, bildete die äußerst reiche Abtei von Farfa im langobardischen Herzogtum Spoleto ein erstrangiges Hindernis für die Ausdehnung des Besitzstandes des Papstums in Richtung Norden. Ebenso behinderte das zu Beginn des siebten Jahrhunderts am Schnittpunkt von Ligurien, Piemont, Lombardei und Emilia entstandene und mit großem Landbesitz ausgestattete San Colombano di Bobbio durch eigene Besitzstandsvermehrung die Expansion des Grundbesitzes des Bischofs von Piacenza und anderer Kirchenfürsten. Dasselbe trifft für San Silvestro di Nonantola zu. Im Rahmen der politischen und konfessionellen Gesamtsituation ist hier auch die Absicht zu spüren, auf dem Umweg über diese reichen Klöster vorgeschobene Posten in Grenzgebiete zum byzantinischen Raum zu setzen.

In der Frage nach dem Warum so vieler und so bedeutender Klostergründungen seitens der langobardischen Könige und Machthaber darf man aber nicht die Vorliebe für private, kirchliche Einrichtungen übersehen, die ganz ihren jeweiligen Stiftern unterstanden. Letztlich sind auch die königlichen Klöster große private Stiftungen, die den Monarchen gehören. Auch in Frankreich, wo die fränkische

Herrschaftsschicht mit der lokalen gallisch-romanischen Aristokratie und mit der an sie gebundenen Kirche nicht in Konflikt geriet, waren die Klöster ebenso reich und angesehen wie das Episkopat. Dort standen sogar die reichsten Klöster des europäischen Westens, was für das gesamte, von der »gens Francorum« beherrschte Gebiet von Bedeutung war. Man denke nur an das berühmte Kloster von Sankt Gallen in der heutigen Schweiz oder an das ebenso reiche und berühmte von Fulda in Deutschland. Es ist sicher kein Zufall, daß die Abtei von Cluny gleich nach dem Zerfall des karolingischen Staates auf Betreiben eines der mächtigsten Fürsten in Burgund entstanden ist. Cluny wurde zum Mittelpunkt der größten und angesehensten Klostergemeinschaft des hohen Mittelalters. Ohne überholten, historiographischen Auffassungen schematischer Entsprechungen zwischen Kulturen und ethnischen Zugehörigkeiten huldigen zu wollen, kann man doch feststellen, daß sowohl die Langobarden als auch die Franken – beides germanische Völker – große Erbauer reicher und privater (wenn auch den Monarchen gehörender) Klöster waren. Für dieses Phänomen gibt es keine schlüssige Erklärung. Unter anderem trug der Umstand dazu bei, daß die Klöster ein – zumindest vom Prinzip her – strengeres, religiöses Leben garantierten als die eigentliche Kirche und somit den Stiftern für ihre Gebete mehr Gehör bei Gott und seinem himmlischen Gefolge versprachen.

Auch in der *Romània* wurden zahlreiche Klöster gegründet. Sie ließen sich aber weder von der Zahl, noch vom Reichtum oder von der Kultur her mit denen der *Langobardía* vergleichen[8], vor allem traten sie nicht in Konkurrenz zur kirchlichen Hierarchie. Oft gründeten sogar die Bischöfe selbst Klöster, die ihnen dann unterstanden. Außerdem handelte es sich um städtische Klöster, während die reichsten Klöster der *Langobardía* außerhalb der Städte entstanden. Neben der Suche nach Einsamkeit war die Liebe zur unberührten Natur bei dieser Wahl entscheidend. Der Kreis schließt sich also wieder: Das offene Land wird der Stadt vorgezogen.

Städte, Höfe und Dörfer

In der *Románia* waren die Städte wirtschaftliche und soziale Mittelpunkte, Zentren der politischen Verwaltung[9] und Sammelstellen für die Einnahmen aus den Ländereien des Erzbischofs von Ravenna. Die sogenannten *rectoria* waren die Verwaltungszentren der über das Land verstreuten Güter, aus denen Lebensmittel und andere Produkte in die Stadt geliefert wurden. In der *Langobardía* dagegen verblieben die Produkte im allgemeinen in den großen Ländereien oder wurden an Orte gebracht, von denen aus sie leichter verkauft oder weitertransportiert werden konnten[10]. Auch Bischöfe und Stadtklöster verzichteten oft darauf, ihre Produkte in die Stadt bringen zu lassen. Vor allem aber wurden die Betriebe in der *Langobardía* nicht von den Städten aus verwaltet, sondern von den Betrieben selbst. Sie unterstanden dann aufgrund einer hierarchischen Gliederung dem größten oder ältesten Betrieb oder einem, der sich in verkehrsgünstiger Lage befand.

Von der öffentlichen Verwaltung und ihrer territorialen Zuordnung her gehörten diese Betriebe in der *Langobardía* häufig zu Landkreisen: bezirklichen Einheiten, die ihren Mittelpunkt nicht in einer Stadt hatten, sondern an einem Ort auf dem Land[11]. Diese ländlichen »Hauptstädte« verringerten zusätzlich die Kontrollmöglichkeiten der städtischen Zentren über das Land. In der *Románia*[12] gab es solche Orte fast gar nicht, höchstens als militärische Stützpunkte. Auch wenn sie Verwaltungsfunktionen ausübten, waren sie doch nie eine Konkurrenz für die Städte. Könige und Kaiser zogen auf ihren Reisen durch die mittelalterliche *Langobardía* von

Domäne zu Domäne[13], wo die Herrscher einen Großteil ihrer Zeit verbrachten. Diese großen Ländereien – die *Höfe*[14] – bildeten in der *Langobardía* nicht nur den königlichen Besitz, sondern wurden mit der Zeit zum häufigsten Organisationsmodell für Ländereien in Großgrundbesitz.

Der *Hof* (curtis) bestand aus zwei Teilen, die in langobardischer Zeit[15] nicht eng miteinander verbunden waren, sich aber in karolingischer Zeit und später immer mehr ergänzten. Ein Teil des Betriebes wurde direkt durch die Arbeit von Knechten bewirtschaftet, die selbst keinen Boden gepachtet hatten und nur die Felder der »Herrschaften« bearbeiteten. Dazu kam die Arbeit der Bauern auf dem anderen Teil des *Hofes*, den »Hufen«. Diese verfügten über einen Grund, für den sie dem Besitzer einen Teil des Ertrags in Naturalien als »Zins« überließen. Die Höfe versuchten zunehmend, die Bindung zwischen beiden Bereichen zu verstärken, was vor allem dort gelang, wo noch keine anderen Besitzungen im Weg standen. Außerdem wurde der fremdbewirtschaftete Teil immer größer. Freie Kleinbauern überließen dem Grundherren ihre Felder, um sie als Leihen zu bewirtschaften. Im Verlauf des zehnten Jahrhunderts wurden die Hauptsitze der Curtisbetriebe befestigt und die Wohnhäuser der Bauern darin zusammengezogen. Die Wehranlagen[16] waren oft primitiv, der Grad der Konzentration unterschiedlich, je nach Gebiet und nach Macht des Grundbesitzers. Jedenfalls entstanden dadurch Siedlungen auch erheblichen Ausmaßes – oft mit einer Kirche –, die zu Knotenpunkten der herrschaftlichen Verwaltung wurden und die Territorialorganisation der Städte und der Verwaltungszentren auf dem Lande durchbrechen sollten. Sogar die Bauerndörfer rückten enger zusammen und unterstellten sich im allgemeinen einem Herren. Dieses Phänomen des »Burgenbaus« nimmt in der *Langobardía* und im übrigen Europa ganz unterschiedliche Züge an. Fest steht, daß sich daraus eine weitere Konkurrenz für die Stadt und ihre Fähigkeit zur Koordinierung des Territoriums ergab:

Abteien und weltliche Grundherren verstärkten ihren Zugriff auf die Menschen und ihre Angelegenheiten, und aus der Konzentration der Curtisbetriebe entwickelten sich Dörfer, aus dem Wachstum der Dörfer Kleinstädte. Viele kleine, geschlossene Ortschaften schossen überall aus dem Boden. Militärische, administrative und kommerzielle Erfordernisse führten dabei zu einer Nachahmung gewisser Merkmale der Stadt, wiewohl diese »städtischen« Ballungen immer noch von ländlichen Merkmalen geprägt waren. Nichts dergleichen tat sich dagegen in der *Románia*, nicht einmal im Grenzgebiet zur *Langobardía*[17].

Die territoriale Organisation

Territoriale Strukturen und Organisation stellten sich in der *Románia* anders dar[18]. Auch hier wurde der Großgrundbesitz immer größer, führte aber nicht zu einer Konzentration in Ortschaften wie in der *Langobardía* im neunten und zehnten Jahrhundert. Der Boden war in *fundi* eingeteilt, die aber vielfach nur als Bezeichnungen existierten und zur Lagebestimmung eigentlicher Landgüter oder zur Identifikation von Feldern dienten, die einem oder mehreren Besitzern gehörten. Der Begriff *massa* bezeichnete die Gesamtheit des Besitzes eines geistlichen oder weltlichen Herren in einem manchmal auch sehr großen Gebiet. *Fundi* und Teile von *fundi* unterstanden vor allem städtischen Koordinierungszentren. Auf dem Land gab es weder regelrechte Dörfer, jene *vicus* der *Langobardía,* die bereits vor der fränkischen Eroberung über ein kleines, geschlossenes Zentrum verfügten, noch die später anwachsenden Höfe. In der *Románia* waren die bäuerlichen Ansiedlungen über das Land verstreut, weswegen auch die Pfarrämter und die Stammkirche viel größere Bedeutung hatten. Ihre ständige Erwähnung in den Urkunden zur Lagebestimmung der Grundstücke gleich nach der Angabe des *territorium civitatis* belegt, daß es keine Zwischeninstanz zwischen diesen und den *fundi* gab. Es fehlte sowohl der *vicus* (mit dem Gebiet, dem *locus*, dem *fundus*, die ihm unterstanden,) als auch ganz allgemein der Hof. Die Pfarrämter boten da Ersatz. In der *Romània* waren die Städte praktisch die einzigen Organisationspole für das Land geblieben. Die bäuerlichen Siedlungen bildeten keine Dörfer, sondern waren dem Grundbesitz zugeordnet. In manchen Gegenden stand auf jedem *fundus* oder *fundus*-Teil ein Haus. Es waren aber eben nur einzelne Bauernhäuser, die kein Dorf, das heißt einen Ort mit einer gewissen Verwaltungshoheit, bildeten. Die Gründung der Städte durch die Römer und die Aufteilung des Landes im Hinblick auf die Stadt und ihre Einwohner haben in den der langobardischen Eroberung entkommenen Gegenden lange nachgewirkt.

Bezeichnend ist der höchst unterschiedliche Wert des Begriffs *casale* in der *Romània* und in der *Langobardía*. In ersterer bezog er sich auf einen durch Urbarmachung entstandenen *fundus*[19], also auf einen Ort des Ackerbaus. In letzterer bezog er sich oft auch auf ein ganzes Dorf, eine ursprüngliche landwirtschaftliche Einheit, die dann mit anderen gemeinsam eine ländliche Siedlung bestimmter Größe bildete[20]. Auch heute noch tragen Dörfer und Städte verschiedener Größen in ihrem Namen die Zeichen ihrer mittelalterlichen Benennung, beispielsweise *Casale Monferrato*. Diese Ortsnamen sind typisch für die Siedlungsgebiete im ehemals langobardischen Gebiet.

Langobarden und Römer

Das Grundproblem liegt nach wie vor im Verhältnis zwischen Stadt und Land. Werfen wir einen Blick zurück in die Zeit der Römer[21] und der Etrusker[22]. In der Toskana blieben nach der Besetzung durch die Langobarden die Städte erhalten, die sich bereits unter Römern und Etruskern gebildet hatten. Es entstanden neue Ortschaften, andere gewannen im Mittelalter an Bedeutung. Die zahlreichen Städte behielten aber ihren Einfluß auf das Territorium. Für andere Gebiete der *Langobardía* trifft dies nicht zu. In der westlichen Emilia gewann das flache Land im frühen Mittelalter die Oberhand über die Städte. Uralte, ländliche Gemeinschaften errangen ihre alte Rolle wieder, die sie in römischer Zeit an die Städte hatten abtreten müssen[23]. Der ländliche Raum, der als Mittelpunkt jahrhundertelang die in römischer Zeit errichteten Städte hatte, löste sich in Teile auf, die nicht-städtischen Kernen unterstanden. Den Städten blieb in vielen Fällen nur ein äußerst kleiner Teil des einst von ihnen beherrschten Landgebietes. Zudem verwandelten sich nicht-städtische Siedlungen, die unter den Römern zu Städten geworden waren, wieder in ländliche Ortschaften zurück. Der schon vor[24] oder während der langobardischen Herrschaft beginnende Verfall vieler Städte setzte sich fort. Brescello in der Poebene, das 603 von den vor den Langobarden fliehenden Byzantinern in Brand gesteckt wurde, erlangte nie wieder einen städtischen Charakter, nachdem es in die Hände der Langobarden gefallen war.

Die in der Spätantike und im frühen Mittelalter in Norditalien stattfindende Rückentwicklung zu bäuerlichen Zuständen wurde auch durch das Fehlen eines dichten Netzes von Städten aus römischer und vorrömischer Zeit gefördert. Die Langobarden begünstigten diese Entwicklung noch. Im romanischen Gebiet dagegen verfielen oder verschwanden zwar etliche Städte, viele andere behielten aber ihren städtischen Charakter und auch ihre traditionelle

Rolle in der territorialen Struktur. Wo immer aber die Langobarden die Herrschaft antraten, fanden die Städte nicht mehr zu ihrer alten Bedeutung zurück.

»Das eiserne Jahrhundert«

Das Problem der Urbarmachung

Die mit der Erforschung ländlicher Lebensformen im frühen Mittelalter befaßten Mediävisten sind sich einig, daß die Urbarmachung von Brachland bereits vor dem elften Jahrhundert begann[1]. Einigkeit herrscht auch darüber, daß die Neulandgewinnung, die vom elften Jahrhundert an und besonders im zwölften auf breiterer Basis und mit System stattfand, keine allgemeine und keine radikale Erscheinung war.

Gerade die jüngsten Forschungen auf diesem Gebiet haben gezeigt, daß das ganze frühe Mittelalter hindurch stetig mehr Land bebaut wurde, die Zahl der Siedlungen zunahm, Kirchen, Pfarrbezirke, Dörfer, Klöster und Höfe größer wurden. Trotz zeitweiliger Rückschläge handelte es sich doch um ein regelmäßiges Wachstum, dessen Beginn sich freilich nicht eindeutig festlegen läßt. Ein progressives, demographisches Wachstum war wohl die Ursache dieser Zunahme des Ackerlandes, dennoch konnte und wollte man nicht auf das unbebaute Land und die damit verbundene Wirtschaftsform verzichten.

An der Schwelle zum zehnten Jahrhundert, dem »eisernen Jahrhundert«, hatte in vielen Gebieten Westeuropas auf breiter Ebene ein Besiedlungsprozeß eingesetzt, der aber durch verschiedene Faktoren beeinträchtigt wurde: durch klimatische Schwankungen, lange Kriege, Völkerwanderungen und Seuchen. Unterbrochen wurde dieser Prozeß aber nie. Bestenfalls läßt sich unterscheiden zwischen Gegenden mit vorherrschender Wald- und Weidewirtschaft und anderen, die mehr vom Ackerbau geprägt waren, vor allem in der Umgebung der alten, römischen und vorrömischen und anderer, gerade entstehender Städte. Die

Vielfalt der Erscheinungsformen läßt aber eine einheitliche und allgemeingültige Definition städtischer Zentren nicht zu. In vielen Gegenden Italiens gab es etliche, uralte Städte, auch wenn sich ihr städtebauliches Bild geändert hatte; nördlich der Alpen gab es vorstädtische und städtische Siedlungen, die aus Marktflecken entstanden waren, aus Klöstern oder aus *villae* (den großen Betrieben des europäischen Nordens), aus Festungen, Kirchen und Dörfern. Und es gab in diesen Breiten noch römische Kolonien, in denen das Land und die ländlichen Institutionen eine wesentlich größere Rolle spielten als anderswo.

Der Überfall auf Westeuropa

In der zweiten Hälfte des neunten Jahrhunderts setzten die normannischen Überfälle wieder besonders heftig ein, auch die islamischen Angriffe nahmen zu. Aber die magyarischen Beutezüge gegen Ende des Jahrhunderts betrafen nicht nur die meisten Länder, sondern sie waren auch die dauerhaftesten.

Diese wiederholten Überfälle versetzten die Menschen in weiten Teilen Westeuropas natürlich in Angst und Schrecken. Da die abendländische Kriegstechnik für eine erfolgreiche, militärische Auseinandersetzung ungeeignet war, blieb lange Zeit keine andere Wahl, als die gefährdetsten Orte zu verlassen und die übrigen Ansiedlungen zu befestigen. Gewiß bedeutete dies nur einen vorläufigen Rückschlag der Neulandgewinnung.

Die Verteidigung: Festungen und Territorium

Der in der zweiten Hälfte des neunten Jahrhunderts einsetzende und einige Jahrhunderte lang anhaltende *Burgenbau* bewirkte im zehnten Jahrhundert erhebliche Veränderungen der Lebensräume: der Wohnstätten ebenso wie der kultivierten und unkultivierten Ländereien. Die Konzentration der wertvollsten Kulturen nahe am befestigten Ort bedeutete auch die Bestellung zuvor ungenutzter Flächen. Sie bedeutete das Anwachsen der Ortschaften und der Bevölkerung und folglich eine verstärkte »Nachfrage« nach Lebensmitteln und somit der Anbaumengen. Herrschaftliche Betriebe mit behelfsmäßigen Wehranlagen und Wehrdörfern oder neuen Siedlungen, die diesen angeschlossen waren, vergrößerten sich immer mehr, bis sie schließlich im Laufe der Zeit zu kleinen Ortschaften oder regelrechten Städten wurden. Die Wurzeln der späteren, makroskopischen Ausbreitung des Ackerbaus sind demnach im zehnten Jahrhundert zu suchen.

War es denn stets und überall nur ein Verteidigungsbedürfnis, das zu geschlossenen Wohnräumen und zur Vermehrung der *castra* führte? In der Poebene etwa diente das *castrum* vor allem zum Schutz vor den Überfällen der Ungarn und auch vor den *mali Christiani*. Anderswo aber entstanden sie nicht nur zur Verteidigung. In manchen Gegenden Süditaliens war ein *castrum* eine von einem kirchlichen oder weltlichen Fürsten angeregte Initiative zur Ansiedlung einer Gruppe von Familien; ein geschlossener Lebensraum mit einfachen Wehranlagen zur größeren Sicherheit in politisch und militärisch instabilem Umfeld. Häufig entstanden neue Siedlungen als Folge der demographischen Entwicklung. Wegen der unsicheren Machtverhältnisse zog man dafür eine Erhebung, ein *Podium*, vor; eine Mauer oder eine Palisade dienten als Wehr.

Am Ende der Raubzüge, gegen Mitte des zehnten Jahrhunderts, entstanden immer noch *castra*, deren Wehrhaftigkeit jedoch noch der Behauptung der sogenannten Burgherrschaft diente. Daraus ergab sich eine Aufsplitterung der Macht mit allen Konsequenzen: Die Siedlung mußte gegenüber den benachbarten Grundherren verteidigt werden, und es brauchte einen befestigten Mittelpunkt zur besseren Kontrolle über Menschen und Ressourcen. Die Siedlung wurde größer und prägte so die Landschaft immer nachhaltiger. Das mittelalterliche Abendland formte gerade im zehnten Jahrhundert sein Aussehen, das zugleich über die Entwicklungsgeschichte der Landschaft und ihre Organisation Aufschluß gibt. Traditionsgebundenere Gebiete haben sogar bis heute im wesentlichen die Anordnung von Böden und Häusern beibehalten, die sich im fernen »eisernen Jahrhundert« herausgebildet hatte; die Zeit ist dort trotz aller Veränderungen stehengeblieben.

Auf diesen Grundlagen konnte sich nach dem Wegfall der Bedrohung durch die sogenannte zweite Völkerwanderung die Neulandgewinnung frei entfalten. Im elften Jahrhundert begann die Wald- und Weidewirtschaft vom Ackerbau überholt zu werden; die große Zahl der Städte in Mittel- und Norditalien, ihr Fortbestehen und ihr Anwachsen bewirkten eine tiefgreifende Veränderung der Umwelt, für die es anderswo keine Entsprechung gab. Ausnahmen, wie die Städte in Flandern, lassen sich mit den italienischen Kommunen und ihren Landbezirken nur entfernt vergleichen.

Ausbau der Befestigungsanlagen

Curtis, curtilis, castrum: aus einer wenig soliden und rudimentären Form wurde nach und nach ein massiveres und komplexeres Befestigungswerk. Das ganze Mittelalter war eine Zeit des Neubaus von Festungsanlagen, Einfriedungen, Palisaden, von der »barbarischen« curtis zu späteren Schlössern und Burgen, die häufig direkt auf ersteren oder nur knapp daneben errichtet wurden. *Curtis* und *curtilis* waren zu Beginn des Mittelalters im europäischen Westen weitverbreitete Ausdrücke für ein durch eine Hecke oder Palisade eingefriedetes Areal, auf dem neben den Wirtschaftsgebäuden die Wohnhäuser des Grundherren und der Bauern standen. Bei größeren Höfen, dem Sitz eines Königs oder Kaisers, bestand die Einfriedung aus Steinen. Dies waren die rudimentären Anfänge eines später ausgefeilteren Systems. Die Betriebsstruktur der großen Besitzung, die aus einem bewehrten Mittelpunkt und aus nicht selten verstreut liegenden, abhängigen Siedlungen bestand, war im achten Jahrhundert noch nicht sehr ausgeprägt, weder im langobardischen Territorium noch im merowingischen zwischen Seine und Rhein, das bereits als das des ›klassischen‹ Curtissystems bezeichnet wurde. *Curtes* oder *villae* mit wenig Land oder einsam gelegene, große Gehöfte wiesen noch nicht die klareren Konturen des Curtisbetriebs auf, waren noch nicht so reich an Ackerflächen und auch weniger ausgedehnt. Die Mönchskultur und der Machthunger von Königen und Grundherren bewirkten im achten und neunten Jahrhundert in vielen Ländern des karolingischen Reichs einen Entwicklungssprung: Die Gehöfte der Siedler wurden größer und vor allem über das Lehnswesen stärker an das herrschaftliche Zentrum gebunden. Die bestellte Bodenfläche nahm zu, und die betriebliche Organisation wurde verbessert. Diese Form der Flächennutzung wurde bald zum Modell und förderte die Verbreitung derart organisierter Ländereien. Zunehmend wurden auch die ersten

Inventare dieser Liegenschaften der königlichen Staatskasse, der Klöster, der Kirchen und der reichen Fürsten aufgenommen. Nach einem im Reich weitverbreiteten *Klischee* galten die Inventare als Bilanz erbrachter Bemühungen, als Eigentumsurkunde und als Organisationsmodell für bebautes und unbebautes Land sowie für freie und unfreie Arbeit.

Fortschritte der Landwirtschaft

Laut den Polyptichen (Inventaren nach transalpinem Muster) ergibt sich für die Poebene etwas später als für den Nordosten Frankreichs und die anliegenden Gebiete Deutschlands eine entwickelte Curtiswirtschaft. Auch die *Definition* des Curtisbetriebes ist der in anderen Gebieten des Reiches sehr ähnlich. Aus dem Verfahren zur Schätzung des bebauten und des unbebauten Landes der einzelnen Höfe und aus der Gliederung der Polyptichen lassen sich die wesentlichen Grundlagen eines generalisierten Beschreibungs- (und Organisations-) Musters herauslesen. Eine geringere Nutzung von Wald- und Brachland und ihrer Produkte, eine geringere Ausdehnung des herrschaftlichen Zentrums und eine höhere Anzahl freier Bauern kennzeichneten in der Regel die Curtis Mittel- und Norditaliens gegenüber der Curtis in nördlicheren Teilen des Reiches.

Mit der Verbreitung der Curtis nahmen im achten und neunten Jahrhundert auch die Dorfgemeinschaften durch Gewinnung neuen Ackerlandes an Größe zu. Gleichzeitig entwickelte sich eine Mikrotoponomastik, die gewiß nicht nur aus einem größeren Dokumentationsstreben heraus entstand. Zwar sind die von Dorfgemeinschaften, von Teilen derselben oder von Einzelnen ausgehenden Besiedlungen nicht durch eine umfangreiche und spezifische Dokumentation belegt, vieles ist uns aber aus den Urkunden zu Großgrundbesitzen bekannt, zum Beispiel in Fällen der

Umwandlung von Bauernland in abhängige Gehöfte oder in Form der zahlreichen Grenzangaben. Häufig ist von *consortes* (Mitbesitzern) die Rede, von Gemeinschaftsgütern, von *runca* (bestellbaren Feldern), die an einzelne Namen gebunden sind. Zudem haben die Fortschritte der ländlichen Archäologie es inzwischen erlaubt, die fehlenden, schriftlichen, dokumentarischen und erzählerischen Quellen für den gesamten Westen und vor allem für jene Gebiete zu ersetzen, in denen Schriftliches fast oder vollständig fehlt. Die archäologischen Ausgrabungen sind in Ermangelung anderer Quellen nicht nur zur Feststellung von Dörfern und Gehöften unerläßlich, sondern auch, um deren genaue Lage zu ermitteln, das verwendete Baumaterial, die Ausmaße des Ortes, die »botanische Gattung« der Pflanzungen.

Gegen Mitte des neunten Jahrhunderts ist in den erschlossensten Gebieten das Verhältnis zwischen Ackerland und Brachland mehr oder weniger ausgewogen, wenn auch in manchen Landstrichen eine intensivere Bebauung und eine Aufsplitterung der Besitzverhältnisse anzutreffen ist. Ursache war, daß die frühmittelalterliche Urbarmachung vor allem eine Ausweitung des bebauten Landes in bereits besiedelten Gebieten bedeutete, sozusagen eine Art Flurbereinigung. Mit dem Ausgang das neunten Jahrhunderts beginnt dann in Zusammenhang mit den Überfällen der Normannen, Araber und Ungarn eine andere, exzentrische und diesmal wirklich »neue« Art der Ansiedlung fern von den Feldern der Höfe und Dörfer. Klöster und Kirchen verlegen ihren Sitz, ziehen in sicherere Gegenden um, meiden die Alpenpässe, die Meeresküsten, Flußmündungen und vielbefahrene Straßen. Die Mönche der Novalesa ziehen in die Poebene, um den Überfällen der Sarazenen auszuweichen. Santa Maria di Farfa schickt eine Kolonie in die Marken auf leichter zu verteidigende Anhöhen, eine nach Rieti und eine andere nach Rom. Vergleichbare Fluchten finden jenseits der Alpen aus Angst vor normannischen Übergriffen statt. Die Reliquien von S. Martin werden von Tours (das wegen seiner Lage an der Loire gefährdet ist) in die burgundischen Berge gebracht, wo sie lange bleiben. Mit den Reliquien gehen auch die Menschen und ihre Interessen.

Die Ansiedlungen

Festungen schließlich entstehen häufig an Orten, die sich leichter verteidigen lassen: Flußwindungen, Anhöhen in der Ebene und Landzungen zwischen Flußmündungen beherbergen die neuen, befestigten Ansiedlungen. Das läßt sich in ganz Mittel- und Norditalien verfolgen, vor allem in der sehr unruhigen Poebene. Es kommt somit zu einer erheblichen Umgestaltung der Lebensbedingungen, die zusammen mit Umsiedlungen aus anderen Gründen das bestehende Bild stark verändern. Dörfer und Höfe wurden häufig von den neuen, befestigten Siedlungsorten angezogen: Es war, als hätte die herkömmliche Lebensordnung einen starken Stoß erhalten. Rückläufige Tendenzen, Rückkehr zu vorherigen Mustern gab es kaum und wenn, dann hinterließen die Verschiebungen ihre Spuren.

Zum Phänomen des Wachstums gesellte sich das des Ortswechsels, was das Erscheinungsbild der Landschaft erheblich veränderte, wenn wir bedenken, daß nun die (nicht nur defensive) Notwendigkeit bestand, Land und Felder zusammenzuziehen und die Menschen zu konzentrieren. Es entstanden somit in vielen Gegenden Westeuropas neue Ansiedlungen, die im Lauf der Zeit erheblich anwuchsen.

Dies wirkte sich dort stärker aus, wo die Zersiedlung größer war oder es zumindest keine alten und für das Gebiet lebenswichtigen Städte gab wie in Mittel- und Norditalien, am Niederrhein, im Küstengebiet des Mittelmeeres, zwischen Loire und Rhein. So förderte also die sogenannte zweite Völkerwanderung eine einschneidende Veränderung der Lebensräume, eine Verschiebung und Ausdehnung des unter den Pflug genommenen Landes und bewirkte zugleich eine stärkere Tendenz zur Ansiedlung auf Anhöhen, die in weiten Teilen des Westens allerdings bereits in der Spätantike begonnen hatte. Das wehrhafte, militärische und konzentrierte Erscheinungsbild der Wohnstätten setzt sich zwischen dem Ende des neunten und der Mitte des zehnten Jahrhunderts durch. Es wird in der Folge von der demographischen Expansion und vor allem von der Notwendigkeit gefördert, die Zentren der Macht an strategisch wichtige Stellen zu versetzen. Denn damals schufen nicht nur die Krise der Monarchie und die nahezu vollständige Auflösung des Staates Unsicherheiten, sondern auch die Möglichkeiten zu größerer Autonomie lösten Konflikte, Konkurrenz und Rivalitäten aus. So wuchsen die von alten und neuen, befestigten Zentren abhängigen Gebiete und dehnten sich die bebauten Flächen aus, wobei die territoriale Organisation völlig neue Formen annahm.

Der Fortbestand der Städte in Italien

In Mittel- und Norditalien entstanden keine Ansiedlungen, die in der Lage gewesen wären, künftig den Städten ihren Rang abzulaufen und an Macht, Reichtum und Ansehen mit ihnen zu konkurrieren. Gegenüber den ländlichen Körperschaften gewannen die Städte sogar an Kraft, vor allem durch ihre Rolle bei der Abwehr der Ungarn. Durch die Instandsetzung der Stadtmauern und der steinernen wie der hölzernen Wehranlagen konnten die Städte mehr Schutz bieten als viele ländliche Festungen, besonders jene in den Ebenen, die oft den mächtigen Landklöstern unterstellt waren. Die Städte in der Poebene wurden zwar angegriffen, allem Anschein nach aber nie eingenommen, auch nicht vorübergehend, während Klöster, Kirchen, Höfe und Dörfer in der Ebene sehr wohl dieses Schicksal erlitten. Dies mag für den kräftigen Aufschwung der Städte in der Poebene, das zunehmende Ansehen und die Macht der Bischöfe ausschlaggebend gewesen sein – Erscheinungen, die »neue« Entwicklungen des elften und zwölften Jahrhunderts vorwegnahmen.

Bei der Förderung der Urbarmachung im frühen Mittelalter spielten die großen Klöster auf dem Land eine größere Rolle als die italienischen Städte des langobardischen und später fränkischen Herrschaftsbereichs. Die Außenstellen der Klöster waren überregional verteilt, längs der Flußläufe, in den noch von Wäldern und Sümpfen gezeichneten Ebenen und in den Städten selbst. Es handelte sich um heilige Stätten und zugleich um Sammelpunkte für Bodenfrüchte, die ein dichtes Netz bildeten, das eng mit dem Hauptsitz verbunden war. Das Vorhandensein von Klausen in den Städten und besonders von Klausen verschiedener Klöster belegt einerseits die Bedeutung vieler städtischer Zentren, andererseits auch den erfolgreichen Versuch, auf verschiedenen Ebenen Kontrolle über sie auszuüben.

Dieses dichtmaschige Netz innerhalb ihrer Mauern und in ihrer ländlichen Umgebung konnten die Städte in Norditalien erst mit dem Konstanzer Konzil endgültig abwerfen. Bis dahin hatten keineswegs alle Städte erträgliche Beziehungen zu den großen Landklöstern oder gar zu denen, die auf nicht-städtische Initiative an ihren Stadtmauern entstanden. Das königliche Nonnenkloster von San Sisto etwa beeinträchtigte die Geschäfte einer bedeutenden Stadt wie Piacenza, zumal gleichzeitig noch die städtischen Niederlassungen von Santa Giulia di Brescia, von San Colombano di Bobbio und von San Silvestro di Nonantola am Ort bestanden. Letztere »magna abbatía« besaß ein weitverzweigtes Netz von Klausen, Kirchen und Höfen in Mittel- und Norditalien. Ihr Einflußgebiet überschnitt sich in Mittelitalien mit dem des anderen großen Klosters von Santa Maria di

Farfa. Niemand wußte damals, welches der beiden Klöster in Italien das vermögendere war. Nonantola besaß Kirchen unter anderem in den Städten Verona, Piacenza, Modena, Bologna und Florenz. Die dortige berühmte Kirche Orsanmichele war ursprünglich ein von San Silvestro di Nonantola abhängiges Benediktinerinnenkloster: »Sanctus Michael in Ortis«, das 1240 von der Gemeinde zerstört wurde. Die Pergamentfolianten, die den Streit zwischen Gemeinde und Abtei erzählen, sind insgesamt 14 Meter lang. Den Höhepunkt erreichte die Auseinandersetzung im Jahr 1300, als Dante Alighieri einer der Ratsherren seiner Stadt war – nur eine der zahlreichen und langgezogenen Auseinandersetzungen zwischen Städten und Klöstern, aus denen man die althergebrachte Macht der letzteren und die nicht einfache Gegenoffensive der Städte in der Zeit der Stadtkommunen ersehen kann. Es läßt sich deswegen schwer am Glauben an die Vormachtstellung der italienischen Städte im Frühmittelalter festhalten, es sei denn, man akzeptiert, daß viele von ihnen Macht und Einfluß mit den größeren Stiftsklöstern teilten. Macht übten die Städte innerhalb ihrer Mauern aus und manchmal noch in einem gewissen Umkreis außerhalb, aber gewiß nicht auf dem Land, wo Klöster und weltliche Landherren in den alten, langobardischen und später fränkischen Herrschaftsgebieten wenig mit den städtischen Mächten zu teilen brauchten.

Im zehnten Jahrhundert erreichte die Macht der Klöster ihren Höhepunkt, doch schon in der Mitte des Jahrhunderts begann ihr langsamer Verfall. Von da an werden die Bischöfe in etlichen Fällen die Inhaber der weltlichen Gewalt über die Stadt und die Umgebung, gründen in den Städten ihnen unterstellte Klöster und vergrößern dadurch ihre Autorität und ihren Einfluß auf das Umland, wo sich den Gütern der Bischöfe nach und nach die ihrer Klöster hinzugesellen. Dies wiederum schafft bessere Möglichkeiten, neues Land zu gewinnen und urbar zu machen. Gegen Ende des zehnten Jahrhunderts entstehen so außerhalb der Stadtmauern die ersten Vororte, *burgus* genannt, ein konkreter Ausdruck der baulichen Entwicklung, des Machtzuwachses und des Reichtums der Städte. Dieses Phänomen hat natürlich viele Schattierungen; im Norden Italiens und auch in der Mitte, wo in den früher byzantinischen Gebieten die Stadt stets als herausragender Mittelpunkt der Organisation und Kontrolle über das Land überlebt hatte, ist es allgemein verbreitet; wesentlich komplexer war die Situation allerdings in Süditalien, bedingt durch die Mischung unterschiedlicher und manchmal entgegengesetzter Kulturen, Wirtschaftssysteme und Institutionen.

Nördliches Land und südliche Städte

In Mittel- und Nordeuropa übten ländliche Instanzen, insbesondere die Klöster, einen weit größeren Einfluß auf die Organisation des Grundbesitzes und auf die Besiedlung aus als in Italien. Da Städte fast oder vollständig fehlten, markierten Klostergründungen die Expansionspunkte einer in ständiger, räumlicher Ausdehnung begriffenen Landwirtschaft. Die Klöster schufen vor allem an den nördlichen und östlichen Ausläufern des Kontinents neues Land und neue Städte, die sie als Missionsorte einrichteten und die dann zu Bischofssitzen wurden. Während in Italien die Klöster nicht selten aus den Städten heraus und häufig innerhalb der Städte entstanden (besonders in den byzantinischen Gebieten, denen des Erzbischofs von Ravenna und des Papstes), gingen nördlich der Alpen Stadtgründungen vor allem von den Klöstern aus, die auf kulturellem, politischem, wirtschaftlichem und kirchlichem Gebiet größere Bedeutung hatten als königliche Höfe (dort häufiger *villae* genannt), Festungen und Dorfgemeinschaften. Im Herzen des alten, karolingischen Reiches leitete sich die Bezeichnung für Stadt, *ville*, von der weltlichen oder kirchlichen Besitzung, der *villa*, ab, während in Italien *civitas* (und später *città*) das ganze Mittelalter hindurch eine städtische Struktur bezeichnete.

Waldland und Ackerland

Nördlich der Alpen setzte die Urbarmachung und die Gewinnung neuen Ackerlandes später und weniger heftig ein als in Nord- und Mittelitalien. Die italienischen Städte hatten stets in irgendeiner Form auf das Land Einfluß genommen und dehnten diesen Einfluß im elften und zwölften Jahrhundert weiter aus. Vor allem aber gewannen sie ab der zweiten Hälfte des zehnten Jahrhunderts allmählich die Kontrolle über das Territorium in Hinblick auf höhere Erträge und paßten es den Bedürfnissen einer stetig wachsenden Bevölkerung an. Man hatte mehr Bedarf an Getreide und anderen Bodenfrüchten, und da bot das Ackerland mehr Ertrag als Waldflächen. Im elften Jahrhundert wurde im Umfeld der Städte der Poebene bereits viel abgeholzt, zwei Jahrhunderte später bereits zuviel: Die Verfassungen der Städte waren deutlich von der Sorge geprägt, über nicht genügend Holz verfügen zu können und enthielten diesbezüglich überaus strenge Vorschriften.

Im Norden der Alpen lassen sich keine Städte finden, die einen vergleichbaren Einfluß auf ländliche Gebiete gehabt hätten. Die Städte verfügten, wenn überhaupt, nur über eine sehr begrenzte Autonomie, die nicht über die Stadtmauern hinausreichte. Aus diesem Grund hatten sie auch keine politische und keine militärische Stärke. Der Adel wohnt nicht in den Städten, sondern auf dem Land. Adel, Königshäuser, Klöster und Bischöfe hatten die Kontrolle über die Städte und ließen es nicht zu, daß »bürgerliche« Ethik sich über die stadtinternen Interessen hinaus durchsetzte, sich auch auf das Land ausdehnte und es der

Logik des Gewinns und des Ertrags unterwarf. Im Gegenteil: Besonders der Adel neigte dazu, die für die Jagd unentbehrlichen Wälder und das Heideland zu erhalten: noch heute sind Ebenen und Hügelland nördlich der Alpen oft von ausgedehnten Wäldern bedeckt.

Selbstverständlich war das keine durchgängige und einheitliche Entwicklung: Die Schicht der »Bürger«, die wir der Einfachheit halber so nennen wollen, hatte auch nördlich der Alpen ihren Landbesitz. Sie ging auf verschiedene Weise Bündnisse mit Königshäusern, Adeligen und Klöstern ein und konnte diese folglich zu gewissen Entscheidungen bringen, die sich Bischöfe und Klöster bereits zu eigen gemacht hatten. Dabei blieb das traditionelle Wirtschaftsgefüge erhalten, der brachliegende Teil der Landschaft blieb intakt. Und umgekehrt behielt in Italien auch der Adel je nach Ort und Zeit eine gewisse Macht, selbst dort, wo die Städte die größte Macht erreichten. Bis in die heutige Zeit sorgte er für den Erhalt der Wälder, die er immer noch für seine Lieblingsbeschäftigung, die Jagd, nutzt. Außerdem war im ganzen europäischen Westen die Wald- und Weidewirtschaft ab dem zehnten Jahrhundert rückläufig. Erhalten blieb sie eigentlich nur in – auch ausgedehnten – Randgebieten in Italien und auch außerhalb: in den Alpen, in höheren Lagen des Apennin, in großen versumpften Tiefebenen, und in der Heide; alles Gebiete, die sich damals nicht nutzen ließen.

Die Nutzbarmachung der Umwelt

Im Verlauf des zehnten Jahrhunderts setzte eine Entwicklung ein, die gegenüber der Vergangenheit in ganz Westeuropa einen qualitativen Wandel bedeutete: man begann, bei der Flächennutzung das kultivierte Land dem unkultivierten (aber inwieweit eigentlich »unkultivierten«?) vorzuziehen. Dies geschah nur in bestimmten Gebieten, in denen das Bevölkerungswachstum stark dazu beitrug, Ackerflächen auszudehnen: in Norditalien, in der Nähe von Städten und im Hügel- und Hochland. Die Wälder schieden allmählich aus der Gesamtheit der Betriebsbestandteile aus, führten ein Eigenleben, waren zwar Städten, Landgemeinden und den Höfen selbst zugeordnet, aber doch losgelöst davon oder nur zum Teil eingeschlossen. In diesen Gebieten unterschieden die schriftlichen Unterlagen zum ersten Mal massiv zwischen bebauten und unbebauten Flächen innerhalb der Betriebe. Die bebauten Flächen wurden nach ihrer Art unterschieden und alle gemessen. Bei den Wäldern kam man von der traditionellen Methode ab, sie nach der Anzahl der Schweine zu bemessen, die man darin aufziehen konnte, und benutzte Flächenmaße. Sämtliche Maßangaben wurden geometrisch und immer exakter, bis hin zu den kleinsten Flächen- und Längenangaben. Es handelte sich dabei um einen neuen, geistigen Ansatz, eine neue Betrachtungsweise der Felder, Wiesen und Wälder. Die genaue Bemessung diente einer verschleierten Bewertung in Hinblick auf den Ertrag, den Wert und den Gewinn. Dies galt sowohl für größere wie für kleinere Betriebe. Im übrigen bezeugen das Anwachsen der Städte, die Zunahme herrschaftlicher Lebensformen, der zunehmende Handel, die allgegenwärtige Präsenz von Kirchen und Pfarreien, die Veräußerung vieler Ländereien aus klösterlichem oder bischöflichem Besitz an Genossenschaften, Bauernfamilien und nicht-bäuerliche Familien ein starkes Wachstum und den Willen, das städtische wie das ländliche Territorium weitaus tiefgreifender zu verändern als in der Vergangenheit. Dies alles galt besonders für die belebtesten Gebiete inner- und außerhalb Italiens. Überall aber verlieh es dem Verhältnis zwischen Mensch und Erde eine andere Note. Das Kalkül trat auf den Plan, das nun gegenüber anderen Ansätzen bevorzugt wurde. Zum ersten Mal entstand auf einer soliden Basis der Wille, die Erde durch Agrikultur und durch die Einschränkung brachliegender Flächen, die unmittelbar weniger einbringen, auszubeuten.

Varianten, Grenzen und Ablehnung der Nutzbarmachung der Umwelt

Allmählich wurde die Ökonomie zum Selbstzweck, unabhängig von sozialen, mentalen und auch umweltbedingten Faktoren. Notwendigkeiten und Erfordernisse, Berechnungen und unüberlegte Eingriffe, die in der Not oder aus Gewinnsucht vorgenommen wurden, bereiteten den drastischen Veränderungen der Umwelt im elften, zwölften und dreizehnten Jahrhundert den Weg. Diese Veränderungen betrafen allerdings nur Teile Westeuropas, da überall weite Landstriche unbehelligt blieben. Auch ein Großteil der Sümpfe blieb erhalten, da sie sich mit den damaligen, technischen Mitteln nicht trockenlegen ließen. Allerdings wurden nicht einmal in den Gebieten größter landwirtschaftlicher Nutzung die Bäume so radikal ausgemerzt, wie dies heutzutage in Vollendung des Zerstörungsprozesses geschieht, der am Ende des vergangenen Jahrhunderts so vehement eingesetzt hat.

Wenn der Mensch des Mittelalters auch noch so bestrebt war, die Umwelt seinen Zwecken anzupassen, so tat er es doch mit Einschränkungen, in dem Bewußtsein, daß die Natur für sein eigenes Überleben unverzichtbar war. Möglicherweise verbargen sich dahinter religiöse oder auch religiös-naturalistische Ansätze. Auf jeden Fall legte er sich das Verbot auf, bis ans Ende zu gehen. Dieses Tabu ist uns seit dem Ende des vorigen Jahrhunderts abhanden gekommen, so daß die Umweltzerstörungen nunmehr globale Ausmaße angenommen haben. Daß dies so geschehen ist, ist vor allem anderen auf Ideologien, soziale und ökonomische Gruppen, politische Absichten, besondere Geisteshaltungen, zeitweilige Umstände und Langzeiterscheinungen des Westens zurückzuführen, wobei die Wende des zehnten Jahrhunderts diese mögliche Entwicklung bereits »im Kern« in sich enthielt.

Ich sage »im Kern«, was die Möglichkeit anderer Entwicklungen einschließt. Dennoch tendierte schon seit geraumer Zeit das Verhältnis zwischen Mensch und ländlicher Umwelt (und Umwelt im allgemeinen) zu einer Veränderung im Sinne der Anpassung der Umwelt an den Menschen. Wir brauchen nicht weit zurückzuschauen, bereits das achte und neunte Jahrhundert waren von zunehmender, wenn auch nicht gleichmäßiger und ununterbrochener Urbarmachung gekennzeichnet. Insofern ist die Einschätzung richtig, daß das zehnte Jahrhundert vollendet hat, was sich zuvor schon spontan ergeben hatte. Kriegseinwirkungen und die Herausbildung anderer, politischer und institutioneller Strukturen mögen diesen Prozeß zwar gestört, aber auch gefördert haben.

Der stärkere Einfluß der Grundherren auf Land und Leute bedeutete auch größere Möglichkeiten der Organisation und des Eingriffs, auch hinsichtlich einer stärkeren Ausdehnung der landwirtschaftlichen Flächen. Andererseits verlangte der Adel nach mehr Boden (auch nach mehr Ackerland), um sich und sein Gefolge zu ernähren und zu bereichern. Über den Einsatz für die Urbarmachung und für höhere Bodenerträge hinaus, war dieser Stand besonders bestrebt, die Gewinne zu horten: in Form von Waffen, Kleidern, Juwelen und Schenkungen an kirchliche Einrichtungen – alles Symbole der Macht, die der Machterhaltung über die Zeit dienen sollten. Diese Haltung verschärfte sich noch mit dem zahlenmäßigen Anwachsen der Adelsschicht, der Verfeinerung ihrer Bedürfnisse und ihres Lebensstils. Die Notwendigkeit von Tausch und Handel bewirkten gewiß Korrekturen dieser Einstellung, aber keine grundlegende Änderung. Ähnliches gilt auch für die kirchlichen Institutionen, obwohl diese viel stärker an der Landwirtschaft interessiert waren.

Bei den unteren Gesellschaftsschichten war somit die größere Motivation zur Ausdehnung der Anbauflächen vorhanden. Die Bauern sahen darin vor allem eine Garantie für das Überleben der wachsenden Zahl ihrer Familien. Handwerker und Händler sahen im Boden eine Ertragsquelle, die ihnen Geräte und Geld einbrachte. Die mehr oder weniger frühzeitige Zunahme von Handwerkern und Kaufleuten, das Entstehen der *burgus* neben den weltlichen oder kirchlichen, herrschaftlichen Residenzen, ihre zahlenmäßige Zunahme in den Städten vor allem in der zweiten Hälfte des zehnten Jahrhunderts bildete den Anstoß für eine entschiedenere Förderung der Feldarbeit, ihrer profitableren Organisation, der Ausdehnung der landwirtschaftlich genutzten Flächen, der Ankurbelung des Handels. Es handelte sich um schüchterne »bürgerliche« Kräfte, denen aber »eine große Zukunft« beschieden sein sollte, vor allem in den italienischen Städten, die einen starken Selbstbehauptungswillen zeigten, der in der zweiten Hälfte des Jahrhunderts von einem selbstbewußteren, politischen Handeln gefördert wurde. Ein Jahrhundert später sollten sie sich dann klarer gegenüber der kaiserlichen Macht, dem Landadel und den großen Klöstern behaupten.

Die Wurzeln der modernen Welt liegen auch in jenem fernen Spiel der Kräfte, von denen einige viel veränderten: ein starker Realismus, ein größeres Augenmerk für den Menschen und die Bereitschaft, die Landschaft durch ›Anthropisierung‹ zu verändern. Und unter ihnen sollte wiederum eine, nämlich die der schonungslosen Ausbeutung der Umwelt (und der Ausbeutung des Menschen), mehr als die anderen über die Zeit hinaus nachwirken, bis in unsere Tage.

Anmerkungen

Stadt und Land

1. *Liudprandi relatio de legatione Constantinopolitana,* in *Liudprandi opera,* hrsg. von J. Becker, *SS.RR.GG. in usum Schol. ex M.G.H. sep. editi,* Hannover und Leipzig 1905, S. 182.
2. A. Castagnetti, *L'organizzazione del territorio rurale nel Medioevo. Circoscrizioni ecclesiastiche e civili nella »Langobardia« e nella »Romania«,* Bologna 1982. Vgl. unter *»Barbari« e Romani.*
3. *Brevium exempla ad describendas res ecclesiasticas et fiscales,* in *M.G.H., Leges, Capitularia regum Francorum,* hrsg. von E. Boretius, I, Hannover 1883, S. 254.
4. P. Galetti, *La casa contadina nell'Italia padana dei secoli VIII–X,* in *Archeologia e storia del Medioevo italiano,* hrsg. von R. Francovich, Rom 1987, S. 97–111 (mit einer äußerst umfangreichen Bibliographie über archäologische Ausgrabungen in Frankreich, England, den Niederlanden, Belgien, Deutschland und Italien, insbesondere in der Fußnote 38 auf S. 109).
5. Vgl. hierzu V. Fumagalli, *Il Regno italico,* Torino 1987^3, S. 72–73.
6. Eine kritische und anregende Bilanz der Studien zu diesem Thema findet sich bei C. La Rocca Hudson, *Città altomedievali, storia e archeologia,* in »Studi Storici«, n. 3 (1986), S. 725–735, vor allem auf den Seiten 732 und 734. Von derselben Autorin siehe auch *Riflessi della migrazione longobarda sull'insediamento rurale e urbano in Italia settentrionale, in Archeologia e storia del Medioevo italiano,* op. cit., S. 29–38. Wichtig sind auch B. Ward-Perkins, *From Classical Antiquity to the Middle Ages. Urban Public Building in Northern and Central Italy,* Oxford 1984 (diese Arbeit untersucht schriftliche Quellen und Daten aus der Archäologie und stellt die Baugeschichte in den größeren kulturellen und politischen Zusammenhang), und A. Ghiretti, *Archeologia e incastellamento altomedievale nell'Appeunino Parmense,* Bardi, 1990. Zur Thematik der Städte sei verwiesen auf G.P. Brogiolo, *A proposito dell'organizzazione urbana nell'altomedioevo,* in »Archeologia Medievale«, XIV (1987), S. 27–46; lesenswert sind auch die Überlegungen von C. Wicham, *L'Italia e l'alto Medioevo,* daselbst, XV (1988), S. 105–124; ders., *La città altomedievale: una nota sul dibattito in corso,* daselbst, S. 649–651.
7. A. A. Settia, *Incastellamento e decastellamento,* in ders. *Castelli e villaggi nell'Italia padana. Popolamento, potere e sicurezza fra IX e XIII secolo,* Neapel 1984, S. 287–310.

8. B. Andreolli – M. Montanari, *L'azienda curtense in Italia. Proprietà della terra e lavoro contadino nei secoli VIII–XI*, Bologna 1985², S. 161–175 (mit einer umfassenden Bibliographie).
9. Ebenda; siehe auch die Beiträge in VV.AA., *Structures féodales féodalisme dans l'Occident Méditerranéen (X*ᵉ–XIIIᵉ siècles), Rom 1980.
10. B. Andreolli – M. Montanari, op. cit., S. 147–160 (und der ergiebige bibliographische Apparat).
11. Ebenda.
12. *La terre et les hommes en Picardie jusqu'à la fin du XIII*ᵉ siècle, I, Paris-Louvain 1968, S. 103.
13. V. Fumagalli, *Il paesaggio si trasforma: colonizzazione e bonifica durante il Medioevo. L'esempio emiliano*, in *Le campagne italiane prima e dopo il Mille. Una società in trasformazione*, hrsg. von B. Andreolli, V. Fumagalli, M. Montanari, Bologna 1985, S. 95–131, auf S. 100.
14. R. Tomaselli, *Interesse storico dei boschi del Ticino pavese*, in »Bollettino della Società Pavese di storia patria«, LXVII (1967), S. 1–13 (Auszug).
15. V. Fumagalli, *Der lebende Stein. Stadt und Natur im Mittelalter*, Berlin 1989. Sehr wichtig für die Bedeutung des Stadtwesens (und nicht nur für Frankreich und die umliegenden Länder): J. Le Goff, *Introduction*, in *Histoire de la France urbaine*, hrsg. von G. Duby, Paris 1980, S. 11–25 (aber auch das gesamte Werk).
16. V. Fumagalli, *Note per una storia agraria altomedievale*, in »Studi Medievali«, IX, 1 (1968), S. 359–378, auf den Seiten 367–375.
17. Ders., *Le Marche tra Langobardia e Romania*, in *Istituzioni e società nell' alto Medioevo marchigiano*, I, Ancona 1983, S. 35–53, insbesondere auf S. 46–47.
18. Ders., *Vescovi e conti nell'Emilia Occidentale da Berengario I a Ottone I*, in »Studi Medievali«, XIV, 1 (1973), S. 137–204, auf den S. 155–158, 197–198.
19. Ebenda, S. 182–184; zu den Bischöfen des zehnten Jahrhunderts, R. Pauler, *Das Regnum Italiae in ottonischer Zeit*, Tübingen 1982.
20. A. Corradi, Nonantola. Saggi storici (1901–1954), hrsg. von F. Gavioli, Nonantola 1989, S. 113–120, auf S. 120; vgl. nun vor allem M. Debbia, *La pieve nonantolana di San Michele nei secoli IX–XIII: proprietà fondiaria, giurisdizione, rapporti con l'abbazia di San Silvestro e con la comunità di Nonantola*, Nonantola 1990.
21. J. P. Devroey, *Réflexions sur l'économie des premiers temps carolingiens (768–887). Grands domaines et action politique entre Seine et Rhin*, in »Francia«, XIII (1986), S. 475–488, vor allem S. 479, 488.
22. *Scritture e scrittori del secolo XI*, hrsg. von A. Viscardi und G. Vidossi, Turin 1977, S. 34–35.
23. V. Fumagalli, *Vescovi e conti*, op. cit., S. 182–184, 197–198.

Der Mensch und seine Umwelt

1. P. Golinelli, *Note e problemi di agiografia nonantolana*, in *Benedictina. Contrivuti di studio per la storia dei Benedettini a Modena nel XV centenario della nascita di S. Benedetto*, Modena 1981, S. 53–76, teilweise überarbeitet unter dem Titel *Agiografia e culto dei Santi in un grande monastero: Nonantola nei secoli VIII–XII*, in ders., *Indiscreta Sanctitas. Studi sui rapporti tra culti, poteri e cocietà nel pieno Medioevo*, Rom 1988, S. 31–54, auf S. 49ff.
2. V. Fumagalli, *Il paesaggio si trasforma*, op. cit., S. 104–107.
3. Ders., *L'agricoltura durante il Medio Evo. La conquista del suolo*, in *Storia dell'Emilia Romagna*, hrsg. von A. Berselli, I, Bologna 1976, S. 461–487, auf S. 473.
4. Ebenda.
5. Daselbst, S. 474–483.
6. G. Duby, *Krieger und Bauern: Die Entwicklung der mittelalterlichen Wirtschaft und Gesellschaft bis um 1200*, 2. Aufl., Frankfurt 1986 (Paris 1973).
7. V. Fumagalli, *L'agricoltura*, op. cit., S. 472–473.
8. Ebenda, S. 472.
9. Ebenda, S. 477–479.
10. Ebenda, S. 471–472.
11. G. Puppini, *Vicende della bonifica nella bassa pianura emiliana*, in *Agricoltura e disoccupazione*, Bologna 1952, S. 249–272, auf den Seiten 250 und 270.
12. M. Calzolari, *Padania Romana. Ricerche archeologiche e paleoambientali nella pianura tra il Mincio e il Tartaro*, Mantua 1989, vor allem die *Einführung* auf S. 17–20, in der Aufsätze zu anderen Epochen und Regionen zitiert werden, und *Il territorio: lineamenti di geografia fisica e storica*, S. 23–71.
13. V. Fumagalli, *Il paesaggio si trasforma*, op. cit., S. 97–99, 110–113.
14. A. I. Pini, *Vite e vino nel Medioevo*, Bologna 1989, S. 21–24.
15. C. Cipolla, *Statuti rurali veronesi*, I, Venedig 1890, S. 156.
16. G. Negódi, *Studi sulla vegetazione dell'Appennino Emiliano e della pianura adiacente. Memoria III. La vegetazione dei boschi planiziari del Modenese*, in »Archivio Botanico«, XVII (1941), 3ª s., I, Band III–IV, S. 125–149; R. Torelli-A. Turco, *Il bosco della Saliceta. Cronaca e immagini*, Mirandola 1980.
17. Dazu R. Noël, *Les depôts des pollens fossiles*, Turnhout 1972; F. Panero, *Boschi e foreste nel Piemonte medievale: problemi di documentazione*, in *Il bosco nel Medioevo*, hrsg. von B. Andreolli e M. Montanari, Bologna 1988, S. 143–148; R. Caramiello, *L'apporto della palinologia alla soria del paesaggio e dell'uomo*, ebenda, S. 169–172. Eine Bilanz der Forschungen über die Umwelt und anregende Überlegungen zur Verfahrensfrage in A. Caracciolo, *L'ambiente come storia*, Bologna 1988; zu den Wäldern, auf

verschiedenen Ebenen interessant, *Der Wald in Mittelalter und Renaissance*, hrsg. von J. Semmler, Düsseldorf 1991.

18. Luidprandi relatio de legatione constantinopolitana, op. cit.
19. M. Montanari, *Campagne medievali. Strutture produttive, rapporti di lavoro, sistemi alimentari*, Turin 1984, S. 149–190.

Menschen, Gewässer, Wälder

1. Zur Landschaft: *Emilia e Romagna*, Italienführer des TCI, Mailand 1957; *La flora*, hrsg. von V. Giacomini und L. Fenaroli, Band II von *Conosci l'Italia*, TCI, Mailand 1958; *Il paesaggio*, hrsg. von A. Sestini, Band VII von *Conosci l'Italia*, TCI, Mailand 1963.
   Zur Landschaftsgeschichte: P. Keller, *Storia postglaciale dei boschi dell' Italia Settentrionale*, in »Archivio Botanico«, VIII, 1 (1932), s. 1–24; D. Albani, *Il Frignano*, Bologna 1964; A. Hofmann, *Flora e vegetazione del Monte Penna*, in *S. Maria del Taro e il Monte Penna*, Parma 1964, S. 193–219; R. Tomaselli, op. cit.; ders., *Boschi relitti dell'alta pianura padana*, in »Natura e montagna«, 3 (1968), S. 43–46; A. De Marchi, *Guida naturalistica del Parmense*, Parma 1974; VV.AA., *Alberi e arbusti dell' Emilia Romagna*, Bologna 1983.
2. Zur prähistorischen Zeit: G.A. Mansuelli – R. Scarani, *L'Emilia prima dei Romani*, Mailand 1961; A. Frova – R. Scarani, *Parma. Museo Nazionale di Antichità*, Parma 1965.
3. Zur römischen und spätrömischen Epoche: C. Grandinetti, *Ricerche sulla centuriazione romana nell'Agro Parmense*, in »Archivio storico per le province parmensi«, 3ª s., IV (1939), S. 1–44; G. Mancini, *Le colonie e i municipo romani dell'Emilia occidentale*, ebenda, II, Florenz 1944, S. 67–107; V. A. Sirago, *L'Italia agraria sotto Traiano*, Louvain 1958; R. Chevalliert, *La centuriazione e la colonizzazione romana dell'ottava regione augustea Emilia-Romagna*, in »Universo«, XL (1969), S. 1077–1104; N. Alfieri – P. E. Arias, *Spina. Guida al Museo archeologico in Ferrara*, Florenz 1960; L. Ruggini, *Economia e società nell'»Italia Annonaria«. Rapporti fra agricoltura e commercio dal IV al VI secolo d. C.*, Mailand 1961; G. A. Mansuelli, *I Cisalpini*, Florenz 1962; N. Alfieri, *Le vie di comunicazione dell'Italia settentrionale«, I, Bologna 1964, S. 56–70; M. Bollini, Semirutarum urbium cadavera*, in »Rivista storica dell'Antichità«, 1, 1–2 (1971), S. 163–176. Siehe auch für die späteren Epochen und wegen der auf den neuesten Stand gebrachten archäologischen und historischen Bibliographie, *Romanità della pianura*, hrsg. von S. Cremonini unter Mitarbeit von M. Amaldi, Bologna 1991, vor allem S. 385 (wo auf archäologische Studien verwiesen wird). Wichtig sind auch *Insediamenti rurali*, in *Emilia Romagna Marche*, hrsg. von G. Adani, Mailand 1989; P. Galetti, *Strutture abita-*

tive nell'Italia alto-medievale: aree culturali, materiali, tecniche, in *I terremoti prima del Mille in Italia e nell'area mediterranea*, hrsg. von E. Guidoboni, Bologna 1989, S. 344–365 (der gesamte Band ist für unser Thema von Interesse).

4. Zum Mittelalter, zur Neuzeit und zur Gegenwart (allerdings mit häufigen Bezügen zur Antike): G. Tiraboschi, *Dizionario topografico-storico degli Stati Estensi*, I–II, Modena 1824–1825; L. Breventani, *Deduzioni storiche sull'origine vera della decima di Cento contro l'origine giuridica*, Bologna 1897; P. Torelli, *Un comune cittadino in territorio ad economia agricola*, I, Mantua 1930; E. P. Vicini, *La navigazione fluviale di Modena nel Medioevo*, in »Atti e Memorie dell'Accademia di scienze di Modena«, 5ª s., I (1936), S. 49–64; A. Mori, *Cronaca delle inondazioni del Po*, in »Archivio storico per le province parmensi«, 3ª s., II (1937), S. 19–48; G. Fasoli, *L'abbazia di Nonantola fra l'VIII e l'XI secolo nelle ricerche storiche*, in »Studi e documenti«, n.s., II, Modena 1943, S. 90–142; L. Gambi, *Cosa era la Padusa*, Faenza 1950; C. E. Boyd, *Tithes and Parishes in Medieval Italy. The historical roots of a modern problem*, New York 1952; G. Fasoli, *Le abbazie di Nonantola e di Pomposa*, in *La Bonifica Benedettina*, Rom (s.d.), S. 97–105; E. Sereni, *Storia del paesaggio agrario italiano*, Bari 1962 (Neuaufl. 1972); L. Franzoni, *Carpanea. Mito e realtà nell'archeologia del Basso Veronese*, in »Atti e memorie dell'Accademia di agricoltura, scienze e lettere di Verona«, XVIII (1966–1967), 1–23 (Auszug); A. Guillou, *Régionalisme et indépendance dans l'empire byzantin au VIII*ᵉ siècle, Rom 1969; V. Fumagalli, *Colonizzazione e insediamenti agricoli nell'Occidente altomedievale: La Valle Padana*, in »Quaderni storici«, 14, 2 (1970), S. 319–338; A. Vasina, *Romagna medievale*, Ravenna 1970; L. Gambi, *I valori storici dei quadri ambientali*, in *Storia d'Italia. I caratteri originali*, Turin 1972, S. 5–60; V. Fumagalli, *Terra e società nell'Italia Padana. I secoli IX e X*, Turin 1976 (4. Neuaufl. 1991); vgl. F. Milone, *L'Italia nell' economia delle sue regioni*, Band V, *Emilia*, Turin 1968 (mit einer umfangreichen Bibliographie auf den Seiten 604–615, in der vor allem die zahlreichen und tiefgehenden Arbeiten von M. Ortolani genannt werden). Als Langzeitbetrachtung zu einem konkreten Beispiel und wegen der umfangreichen Bibliographie s. M. Debbia, *Il bosco di Nonantola. Storia medievale e moderna di una comunità della bassa modenese*, Bologna 1990. Zu den Entwässerungsarbeiten sind die Studien von F. Cazzola aus den 70er und 80er Jahren grundlegend. Zu diesem und anderen Autoren vgl. V. Fumagalli, *Der lebende Stein. Stadt und Natur im Mittelalter*, Berlin 1989, *Bibliographie*. Zum Klima ist, abgesehen von den bereits genannten Autoren, noch wichtig: A. Veggiani, *Fluttuazioni climatiche e trasformazioni ambientali nel territorio imolese dall'alto Medioevo all'età moderna*, in *Imola nel Medioevo*, hrsg. von F. Mancini, M. Giberti, A. Veggiani, I, Imola 1990, S. 41–102 (Der Aufsatz beschäftigt sich mit der Geschichte des Klimas im allgemeinen und enthält wertvolle technische Fachkennt-

nisse). Die herangezogenen Dokumente sind: C. Brühl, *Codice diplomatico longobardo*, III, I, Rom 1973, Nr. 26, 41, 44; U. Benassi, *Codice diplomatico parmense*, I, Parma 1910, Nr. 27, S. 76 und 17, S. 126; P. Torelli, *Le carte degli archivi reggiani fino al 1050*, Reggio-Emilia 1921, Nr. 7, 37, 60, 63, 90, 92, 97, 100, 105, 106, 112, 121, 134, 136, 153, 161, 168; *Monumenta Germaniae Historica. Diplomata regum et imperatorum Germaniae*, III, Nr. 338; P. Torelli, *Regesto mantovano*, I, Rom 1914, Nr. 44, 121, 129, 135, 153, 159, 204, 218, 220, 253, 280, 396, 397, 430, 440, 442, 460, 580, 581; E. P. Vicini, *Regesto della Chiesa Cattedrale di Modena*, I, Rom 1931, Nr. 143, 144; II, Rom 1936, Nr. 518, 536, 544, 550, 568, 569, 579, 616, 653, 682, 684, 696, 717, 797, 799, 808, 834, 841, 866, 890, 926, 933, 934; C. Manaresi, *I placiti del »Regnum Italiae«*, I, Rom 1955, Nr. 30, 118; V. Federici – G. Buzzi, *Regesto della Chiesa di Ravenna*, I, Rom 1911, Nr. 24, 25, 26, 27, 36, 38, 40, 41, 42, 44, 45, 48, 49, 50, 52, 55, 56, 61, 64, 65, 66, 67, 70, 71, 74, 75, 76, 78, 79, 80, 82, 84, 85, 89, 93, 98, 99, 101, 107, 109, 110, 111, 113, 114, 118, 119, 122, 123, 126, 129, 130, 132, 137, 138, 139, 141, 143, 144, 145, 150, 152, 156, 157; *Statuti della terra del comune della Mirandola e della corte di Quarantola riformati nel MCCCLXXXVI*, Mirandola 1888.

»Barbaren« und Römer

1. Vgl. V. Fumagalli, *La geografia culturale delle terre emiliane e romagnole nell'alto Medioevo*, in *Le sedi della cultura nell'Emilia Romagna. L'alto Medioevo*, Mailand 1983, S. 11–27.
2. P. Galetti, *Città e campagna nella Pentapoli: strutture materiali e tipologia dell'insediamento nei secoli VIII–X*, in *Istituzioni e società nell'alto Medioevo marchigiano*, II, Ancona 1983, S. 617–645.
3. Ders., *Per una storia dell'abitazione rurale nell'alto Medioevo: le dimensioni della casa nell'Italia Padana in base alle fonti documentarie*, in »Bullettino dell'Istituto Storico Italiano per il Medio Evo«, XC (1982/83), S. 147–176 (mit einer sehr umfangreichen Bibliographie).
4. A. Vasina, *Possessi ecclesiastici ravennati nella Pentapoli durante il Medioevo*, in »Studi romagnoli«, XVIII (1967), S. 333–367, auf S. 339; A. Castagnetti, *L'organizzazione del territorio rurale nel Medioevo. Circoscrizioni ecclesiastiche e civili nella »Langobardia« e nella »Romania«*, Bologna 1982, S. 162.
5. Siehe G. Susini, *La Cispadana romana*, in *Storia dell'Emilia Romagna*, hrsg. von A. Berselli, I, Bologna 1976, S. 103–124. Siehe auch G. Tibiletti, *L'amministrazione romana*, ebenda, S. 125–146.
6. A. Vasina, *Possessi ecclesiastici ravennati nella Pentapoli*, op. cit.
7. O. Bertolini, *I vescovi del »regnum Langobardorum« al tempo dei Carolingi*,

in *Vescovi e diocesi in Italia nel Medioevo (sec. IX–XIII)*, Padua 1964, S. 1–26; in dieser Arbeit wird die langobardische Ära der karolingischen gegenübergestellt.

8. V. Fumagalli, *La geografia culturale*, op. cit.
9. P. Galetti, *Città e campagna nella Pentapoli*, op. cit.
10. V. Fumagalli, *Terra e società nell'Italia padana*, op. cit., S. 25–60.
11. Ebenda, S. 61–72.
12. A. Castagnetti, *L'organizzazione del territorio rurale*, op. cit., mit entsprechender Bibliographie; A. Giullou, *L'Italia bizantina dall'invasione longobarda alla caduta di Ravenna*, in *Longobardi e bizantini*, Turin 1980 (1. Band der *Storia d'Italia*, Utet), S. 219–338, auf den Seiten 219–251.
13. C. Brühl, *Fodrum, gistum, servitium regis*, I, Köln-Graz 1968, passim.
14. A. Castagnetti, *L'organizzazione del territorio rurale*, op. cit., besonders S. 340–344.
15. V. Fumagalli, *Vorwort zur italienischen Ausgabe von G. Duby, Krieger und Bauern: Die Entwicklung der mittelalterlichen Wirtschaft und Gesellschaft bis um 1200*, 2. Aufl., Frankfurt 1986 (*Le origini dell'economia europea. Guerrieri e contadini nel Medioevo*, Bari 1975, S. V–XXIII, auf den S. XII–XXIII).
16. P. Toubert, *Les structures du Latium médiéval. Le Latium méridional et la Sabine du IXe à la fin du XIIe siècle*, I, Rom 1973; A. A. Settia, *Castelli e villaggi nell'Italia padana. Popolamento, potere e sicurezza fra IX e XIII secolo*, Neapel 1984.
17. E. Baldetti, *Per una nuova ipotesi sulla conformazione spaziale della Pentapoli. Rilievi topografico-storici sui toponimi di area pentapolitana*, in *Istituzioni e società nell'alto Medioevo marchigiano*, op. cit., II, S. 779–894; A. Cherubini, *Presenza longobarda nel territorio Jesino*, ebenda, S. 515–550.
18. G. Pasquali, *Le fome dell'organizzazione del territorio rurale nella Pentapoli altomedievale*, ebenda, S. 647–682.
19. A. Castagnetti, *L'organizzazione del territorio rurale*, op. cit., S. 225–269.
20. V. Fumagalli, *Terra e società*, op. cit., S. 25–60.
21. E. Baldetti, *Per una nuova ipotesi*, op. cit.
22. N. Alfieri, F. Castagnoli, G. A. Mansuelli, *Geografia e topografia storica*, in *Enciclopedia classica*, X, Turin 1970, S. 139–557, auf den S. 220–221. D. Corlaita Scagliarini, *Il territorio e le città in epoca romana*, in *Storia dell'Emilia Romagna*, op. cit., I, S. 147–171. Zur römischen Städtebildung und zu den tiefgreifenden Unterschieden zwischen Norditalien und der übrigen Halbinsel, die im Gegensatz zu ersterer in römischer Zeit und im Mittelalter kaum Änderungen in der Territorialstruktur aufweist, vgl. vor allem E. Gabba, *Sulle strutture agrarie dell'Italia Romana fra III e I secolo a.C.*, in E. Gabba, M. Pasquinucci, *Strutture agrarie e allevamento transumante nell'Italia Romana (III–I sec. a.C.)*, Pisa 1979, S. 15–73, auf

den Seiten 15–16, 23–24. Weiterhin zum Verhältnis zwischen Stadt und Land in der Antike s. A. Carandini, *Sviluppo e crisi delle manifatture rurali e urbane*, in *Società romana e produzione schiavistica, II, Merci, mercati e scambi nel Mediterraneo*, hrsg. von A. Gardina und A. Schiavone, Rom-Bari 1981, S. 249–260, auf den Seiten 257–258. Zur Städtebildung in der Emilia siehe auch G. Mancini, *Le colonie e i municipi dell'Emilia orientale*, in *Emilia Romana*, I, Florenz 1941, S. 73–123; ders., *Le colonie e i municipi romani dell'Emilia occidentale*, ebenda, II, Florenz 1944, S. 67–107.

23. G.A. Mansuelli, *Profilo geografico e culturale dell'Emilia preromana*, in *Storia dell'Emilia Romagna*, op. cit., I, S. 15–40, besonders auf S. 31–33 zur etruskischen Städtebildung (Felsina, Marzabotto, Spina).

24. E. Sereni, *Comunità rurali nell'Italia antica*, Rom 1955, besonders S. 419–420; V. Fumagalli, *Terra e società*, op. cit., S. 61–80.

25. G. Susini, *La Cispadana romana*, op. cit., S. 123–124.

26. N. Alfieri, *Le Marche e la fine del mondo antico*, in *Istituzioni e società nell'alto Medioevo marchigiano*, op. cit., S. 9–34.

»Das eiserne Jahrhundert«

1. Die hier dargelegten Überlegungen entstanden nach vielen Jahren der Beschäftigung mit den behandelten Themen. Ich möchte in diesem Zusammenhang lediglich auf mein *Uomini e paesaggi medievali*, Bologna 1989, verweisen.

Grundlage für dieses Buch waren folgende vier Untersuchungen:

Il paesaggio delle campagne nei primi secoli del Medioevo, in *L'ambiente vegetale nell'alto Medioevo*, I, Spoleto 1990 (Eröffnungsansprache zur 37. Studienwoche des Centro Italiano di Studi sull'Alto Medioevo).

L'agricoltura durante il Medioevo. La conquista del suolo, in *Storia dell'Emilia Romagna*, hrsg. von A. Berselli, I, Bologna 1976.

»Langobardia« e »Romania«: l'occupazione del suolo nella Pentapoli altomedievale, erschienen in *Ricerche e studi sul »Breviarium Ecclesiae Ravennatis« (Codice Bavaro)*, hrsg. von A. Vasina, Rom 1985 (*Studi Storici* des Istituto Storico Italiano per il Medio Evo, Band 148–149).

Conquiste di nuovi spazi agrari, in *Il secolo di ferro: mito e realtà del secolo X*, II, Spoleto 1991 (Vortrag auf der 38. Studienwoche des Centro Italiano di Studi sull'Alto Medioevo).

... und weiter zum Thema Politik:

ALFRED SOHN-RETHEL

Das Geld, die bare Münze des Apriori

Der Sozialphilosoph Alfred Sohn-Rethel liefert in diesem Buch einen Abriß über die gesellschaftliche Prägung des naturwissenschaftlichen Denkens und den Zusammenhang von Produktionsweise. Ökonomie und Wissenschaft von der Antike bis heute.

Mit einem Vorwort von Jochen Hörisch.

Kleine Kulturwissenschaftliche Bibliothek 27. Englische Broschur. 80 Seiten.

NIKLAUS MEIENBERG

Es ist kalt in Brandenburg
Ein Hitler-Attentat

Dieses Buch geht nicht dem Leben und Tod von Maurice Bavaud nach, jenem 24jährigen Schweizer Missionsschüler, der Hitler töten wollte, sondern auch dem Schweigen in der Schweiz und in Deutschland. Und den immer noch vorhandenen »Spurenelementen von damals – Anpassung, Untertanengeist, Behördengläubigkeit, Karrierismus.«

Wagenbachs Taschenbuch 186. 184 Seiten.

ULRIKE MARIE MEINHOF

Die Würde des Menschen ist antasbar
Aufsätze und Polemiken

Zeugnisse aus der Frühzeit der Bundesrepublik und Beispiele eines entschiedenen Journalismus: Wer diese Texte liest, versteht, warum Zivilcourage nicht viel zählt in diesem Land.

Wagenbachs Taschenbuch 202. Neuausgabe. 192 Seiten.

Die Schriftsteller und die Weimarer Republik
Ein Lesebuch

Herausgegeben von Stephan Reinhardt.
Ein Lesebuch über das Verhältnis von Macht und Geist in der Weimarer Republik: Die wichtigsten Manifeste, Reden und politischen Erklärungen der Schriftsteller.
Mit historischen Erläuterungen.

Wagenbachs Taschenbuch 208. Neuausgabe. 256 Seiten.